はじめに

　行政書士が手掛ける業務の一つに、風俗営業許可申請があります。難しいイメージがあ███████████████████████ってはハードルが高いと思われがちで█████████████████████。

　しかし、最近では女性█████████████████████的に風俗営業業務を始めようとして███████████████った13年前と比べて、大幅に情報が公開され研修も充実していることが要因だと思います。

　書類の書き方や図面の書き方は研修で学べます。しかし、初めてお客様から問い合わせがあったときにどう対応し何をすべきかということは経験してみないと実感できません。ただ、経験がないから自信を持って仕事を取りにいけないのも事実です。

　そのため、本書では書類の書き方などのテクニックよりも考え方、注意すべき点や段取りをしっかりと伝えられるよう意識しました。考え方がわかれば、自分なりのやり方でゴールを目指せばよいのです。数をこなせば段取りもよくなりますが、最初から意識して先を見通しておくことで余裕が生まれます。余裕があると、不思議とお客様も安心してついてきてくれます。

　本書では、行政書士が扱うことが特に多い4種類の申請・届出に絞って手続きを案内しています。4種類というのは、風俗営業許可申請のうち社交飲食店（キャバクラやホストクラブなど）、特定遊興飲食店（クラブなど）、深夜における酒類提供飲食店（バー、コンカフェなど）、そして飲食店営業許可申請です。

　風営法は平成28年に大改正があり、それまで風俗営業だったナイトクラブ等（踊るほうのクラブ）が風俗営業から外れ、新たに特定遊興飲食店営業として規制されました。これにより、ダンス以外にもライブハウスやスポーツ観戦ができるバー等にも影響が出ました。

　また近年、風営法と食品衛生法には大きな改正がありました。特

に食品衛生法の改正は令和3年6月1日施行なので、まだ古い知識のままの人も少なくありません。

　令和3年の食品衛生法改正により、調理場の設備基準がこれまでと大きく変わりました。特に、我々が手掛けるキャバクラやバーなどのお酒の提供をメインとする店にとっては、許可が取りやすくなった点が多いです。

　また、令和2年の年末には、行政手続での押印が原則廃止されました。風営法、食品衛生法においても押印は廃止され、申請書・届出書への申請者・届出者の押印が不要になりました。それに伴い、申請様式も変更になっているので注意が必要です。

　さらに、一部の手続きについては郵送やオンラインでの手続きが可能になりました。手数料の支払いも、警視庁管内はこれまで現金納付でしたが、クレジットカードやQRコード（バーコード）決済が利用できるようになりました。

　法改正や新しい手続方法の登場はチャンスです。ベテランも新人も同じスタートラインに立てるからです。また、新しい手続きなら多少失敗しても必ず次に活かすことができますし、後に続く仲間の貴重な情報にもなります。

　そして、失敗は財産です。本当はたくさん失敗してそこから気付きを得ていければよいのですが、そういうわけにもいかないので本書を参考にしてください。筆者の13年分の失敗から学んだこと、経験したことを詰め込んでいます。

　最後になりましたが、研修やSNSで「こんな本を書いてほしい」とリクエストしてくださった行政書士の皆様、そしてその実現のために力を貸してくださった先輩、出版社の皆様にお礼申し上げます。

　そして、本書が最初の一歩を踏み出すきっかけになればとても幸いです。

令和5年6月吉日
行政書士　中村　麻美

目　次

序章　許可申請と届出／飲食店営業許可申請

第1章　風俗営業許可申請

第2章　特定遊興飲食店営業許可申請

第3章　深夜における酒類提供飲食店営業営業開始届出

第4章　許可後・届出後の手続き

巻末付録

コラム

■凡　例

略　語	法令名
風営法、法	風俗営業等の規制及び業務の適正化等に関する法律
規　則	風俗営業等の規制及び業務の適正化等に関する法律施行規則
内閣府令または府令	風俗営業の規制及び業務の適正化等に関する法律に基づく許可申請書の添付書類等に関する内閣府令
条　例	風俗営業等の規制及び業務の適正化等に関する法律施行条例
解釈運用基準	風俗営業等の規則及び業務の適正化等に関する法律等の解釈運用基準

■本書の使い方

　本書の中で最も接する機会が多いのは、深夜における酒類提供飲食店営業営業開始届出（以下、本書では「深酒（ふかざけ）」という）だと思います。深酒の図面や届出書作成、添付書類の集め方などは、風俗営業（社交飲食店）許可申請、特定遊興飲食店営業許可申請と基本の考え方が同じです。したがって、本書を最初からひととおり目を通した後、もう一度第3章を読み返してみると理解が深まると思います。

　第1～3章では、できるだけ異なる記載例、異なる図面例を掲載しています。なぜなら、解説・コメントも含めいろいろな例に接してもらいたいからです。また、辞書のようにわからない部分を調べるなど、目的に応じて利用してもらえれば幸いです。

　また、他の書籍や研修には、届出後や許可後の手続きについてあまり触れていないと感じていたので、第4章では、届出後・許可後の手続きの解説を入れました。ぜひ参考にしてください。

　筆者が行政書士の仕事に対する姿勢において最も重要だと思っていることは、「目的を持って業務を遂行すること」です。添付書類に図面が含まれるから図面を書く、という考え方ではなく、「何を確認するためにこの図面が必要か」などと考えながら進めることが大事だと思っています。特に風俗営業関係業務には法定の様式がない添付書類が多いので、常に目的意識を忘れずにいることがスムーズな申請につながります。

　皆様も、「なぜ、何のために」ということを意識しながら本書を読み進めてください。

序章

許可申請と届出／
飲食店営業許可申請

1 許可申請と届出

（1）許可申請・届出の考え方

　風俗営業を営むには、各都道府県公安委員会の許可が必要です。もし許可を得ずに営業を行えば、罰金、懲役、またはその併科という重い罰則があります。

　風俗営業とは、キャバクラやホストクラブなどの社交飲食店、マージャン店、ゲームセンターやパチンコ店等の営業をいいます。性風俗を思い浮かべる人が多いのではないかと思いますが、それらは「特殊性風俗営業」といい、風俗営業とは別のものなのです。

　お酒を提供する夜のお店は多種多様です。そのどれもが同じ許可が必要とは限りません。キャバクラのように接待行為（詳しくは第1章で解説）を行う店は風営法の許可が必要ですが、深夜にお酒を提供しても接待行為を行わない店は届出で済みます（詳しくは第3章で解説）。

　また、深夜にお酒を提供し、なおかつ遊興をさせる店の場合、風俗営業許可ではなく特定遊興飲食店営業許可が必要になります（詳しくは第2章で解説）。これは平成28年の風営法の大改正でナイトクラブが風俗営業から外れ、新たに特定遊興飲食店営業が法に規制されたことによります。

　私たち行政書士は、お客様がどんな営業を希望しているのかをよくヒアリングし、適切な許可申請や届出に導く必要があります。その前提として、接待行為とはどんなものなのか、遊興とはどんなものなのか、しっかりと理解しなければなりません。

　例えば、店名に「ガールズバー」とあるから許可は不要というような判断をしてはいけません。また、コンカフェ（コンセプトカ

フェ）では、従業者がショーを行う、お店の客と撮影会を行うなどのイベントが行われることが少なくありません。これらのイベントが接待行為や遊興にあたるかどうか、お客様と認識をすり合わせて正しい許可を取得することがポイントです。

　近年、お酒とアミューズメント、お酒とイベントなど、これまでになかった業態が続々と表れています。それらのお店を適切な法律の許可を得て営業するために、我々行政書士も日々勉強が必要なのです。

　次の図では、どの申請、届出が必要なのかをフローチャートにしてまとめたものです。まずは大まかに捉え、詳細は各章で確認してください。

◎許可申請・届出の考え方

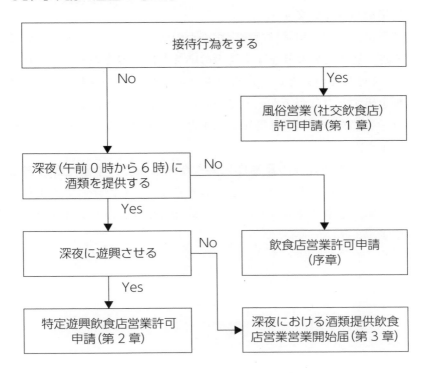

（2）許可申請と届出の違い

　社交飲食店と特定遊興飲食店は許可申請、深夜における酒類提供飲食店営業は届出です。どちらも営業をするための手続きですが、申請と届出の違いは何でしょうか。

　申請とは、「法令に基づき、行政庁の許可、認可、免許その他の自己に対し何らかの利益を付与する処分を求める行為であって、当該行為に対して行政庁が諾否の応答をすべきこととされているものをいう」と行政手続法2条3号に定められており、届出とは、「行政庁に対し一定の事項の通知をする行為（申請に該当するものを除く。）であって、法令により直接に当該通知が義務付けられているもの（自己の期待する一定の法律上の効果を発生させるためには当該通知をすべきこととされているものを含む。）をいう。」と同条7号に定められています。

　簡単に言えば、申請は行政庁が諾否の応答をすべきこととされている点で届出と異なります。諾否の応答とは、審査の結果「許可する」「許可しない」という判断がされることです。つまり、申請は書類を出すところがスタートで、許可・不許可の応答があったときがゴールであり、届出は書類を出すところがゴールというイメージでしょうか。

　しかし、書類作成の難易度に大きな差はなく、申請だから難しく、届出だから簡単ということはありません。したがって、実務上では、届出と申請を分けて考える実益はあまりないと筆者は思っています。

2　飲食店営業許可申請

（1）必要書類と手数料

　社交飲食店、特定遊興飲食店、深夜における酒類提供飲食店はすべて飲食店です。どのような許可申請・届出が必要なのかは前述のとおりですが、その大前提として飲食店営業許可を取得する必要があります。

　令和3年6月施行の改正食品衛生法では、調理場に必要な設備の要件が改正されました。そのため、バーやキャバクラにとっては、許可が取りやすくなったと思います。ただし、これまでの設備のままでは許可が取れなくなった部分もあるので情報をアップデートしておきましょう。

①　必要書類

　個人申請の場合と法人申請の場合では、必要書類が異なります。東京都以外での申請の場合、下記以外の書類が必要になることもあるので、管轄の保健所に確認してください。

　ⅰ　**個人申請の場合**
　・営業許可申請書　1通
　・施設の構造・設備を示す図面（平面図）　2通
　・食品衛生責任者の資格を証するもの
　・水道直結でない場合（貯水槽使用等）は水質検査証のコピー
　　（直近1年以内のもの）

　ⅱ　**法人申請の場合**
　・営業許可申請書　1通
　・施設の構造・設備を示す図面（平面図）　2通

　　　・食品衛生責任者の資格を証するもの
　　　・登記事項証明書（コピー可、営業許可申請書に法人番号を記
　　　　載する場合は不要）
　　　・水道直結でない場合（貯水槽使用等）は水質検査証のコピー
　　　　（直近1年以内のもの）

②　手数料

　手数料は、市区町村条例で定められているので保健所ごとに異なります。東京23区と市部のほとんどの保健所では18,300円ですが、港区は16,000円です。

　支払方法は、申請時に現金納付が一般的です。一部の保健所ではクレジット払いやQRコード払い（PayPayなど）等も利用できますが、いずれも申請時に支払います。

③　申請先

　申請先は、営業所の所在地を管轄する保健所です。

　申請書類はシンプルですが、申請書と添付書類を用意するためには様々な資料が必要です。また、いい加減な書類を作ってしまうと、その後の風俗営業許可申請等がスムーズにいきません。申請者にどのようなことをヒアリングすべきか、どんな資料を用意してもらう必要があるかを18ページの(2)でよく確認していきましょう。

◎飲食店営業許可申請の流れ

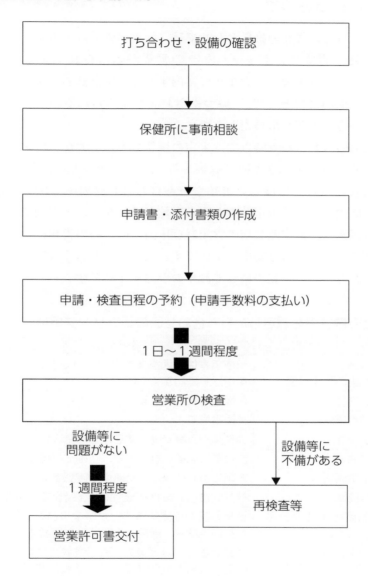

（2）打ち合わせ

　申請者との最初の打ち合わせでは、飲食店営業許可申請だけでなく、最終的にバーやキャバクラの営業が始められるまでのスケジュール感、手続きも大まかに案内することをお勧めします。なぜなら、申請者にとって、「いつからお店を始められるのか」ということが最大の関心事項だからです。

　最初の打ち合わせ時点では未定の情報も多いですが、申請を進めるための情報をできる限り収集するように意識しましょう。また、申請者に用意してほしい書類なども打ち合わせの中で伝えましょう。飲食店営業許可申請のための書類だけでなく、その後に続く申請（例えば、社交飲食店の営業許可申請）のための書類についてもまとめて案内すると効率がよいです。用意してもらう書類等はたくさんあるので、一覧表にして渡すのがおすすめです。

◎社交飲食店を想定した打ち合わせ時のヒアリング事項

ヒアリング事項	注意事項
申請者氏名・名称、フリガナ、生年月日	未成年者は原則営業許可申請ができないので生年月日も確認する
申請者住所	住民票等で確認することが望ましい
申請者電話番号	携帯番号でよい
営業所住所	物件契約書等で確認することが望ましい
店舗名	許可書に記載されるので、正確に把握する
店舗電話番号	未定であれば決まった時点で確認する
営業時間	社交飲食店であれば最長深夜1時までとなる
食品衛生責任者氏名、フリガナ、資格	資格者証で確認することが望ましい。また資格がない場合は、候補者の氏名等を確認する
管理者住所、氏名、フリガナ、生年月日	通勤できないほど遠方だと管理者にはなれないので、住所を確認する。未成年者は管理者になれないので生年月日を確認する
営業開始希望日	営業種別に応じて相談する

◎申請者に用意してもらう書類等（社交飲食店を想定）

①物件契約書コピー
②申請者の住民票（本籍記載、申請前３か月以内のもの、法人申請の場合は役員全員について必要）
③契約時の物件図面（あれば）
④履歴事項証明書（法人のみ）（申請前３か月以内のもの）
⑤定款コピー（法人のみ）
⑥管理者の住民票（本籍記載、申請前３か月以内のもの）
⑦管理者の写真２枚（３cm × 2.4cm）（申請前６か月以内のもの）
⑧食品衛生責任者証（赤い手帳など）

　これらは、社交飲食店営業許可申請（特定遊興飲食店営業許可申請も同様）の場合に用意してもらう書類等の一例です。希望する営業種別に応じて必要書類を案内してください。

　なお、上記の申請書類のうち、飲食店営業許可申請では使用しないものも多数含まれます。例えば、住民票は飲食店営業許可申請時には添付する必要はありません。しかし、正しい住所を確認して申請するために必要です。正しい住所で申請しないと、のちの社交飲食店営業許可申請等の際に変更届が必要になります。同様に、営業所所在地の住所は物件契約書で確認する必要があります。

　このように、申請には不要であっても確認しなければならない書類があり、手続きごとにいちいち書類を用意してもらうのでは手間がかかるので、一度にまとめて案内するとスムーズです。

　打ち合わせの結果、条件が折り合わないなどで受任しないこともあります。しかし、上記の書類は、別の行政書士に頼むにしても申請者が自力で申請するにしても必要になるものです。したがって、打ち合わせの際に用意できるものは持ってきてもらうよう事前に案内してもよいでしょう。弊所ではそうしています。

（3）設備、許可要件の確認

①　設備の要件

　飲食店営業許可を取るために必要な設備を、本書で扱う店舗に即して抜粋して解説します。抜粋としたのは、バーやキャバクラ、レストランでは同じ飲食店営業許可申請であっても必要な設備が異なるからです。

　より詳しく知りたいことがあれば、東京都保健医療局のホームページ「食品衛生の窓」で、詳細な要件や条例を確認できます。

　足りない設備や不備があれば、検査までに改善しておく必要があるので、申請者とともにお店の設備を見ながら確認しましょう。なお、調理場の設備は、調理場の区画内に設置していなければなりません。客室に冷蔵ショーケースがあっても、それは調理場の設備とはいえません。

　改正食品衛生法により、設備基準が全国で統一されました。ただし、「必要な大きさ」や「必要に応じて」等の具体的な中身は保健所ごとに異なる部分があります。それは、地域の特性などの判断が含まれるからです。食品衛生は人の命に直結することですから、許可取得のために最低限必要な設備を備えるのは当然のことで、きちんと衛生的に営業を継続していけるかという観点も必要です。

区　画	調理場とそれ以外の場所が間仕切り等で区画されて（分けられて）いること
汚染防止等	ゴミ・ホコリ、ネズミや虫の侵入を防止できる設備があること（窓を開けて換気するなら網戸が必要など）
床、壁、天井	清掃（水拭き等）が容易にできる素材で、清掃が簡単にできること（床にカーペットを敷いていたら容易に清掃できるとはいえない。配管がむき出しの天井は清掃が容易とはいえない。また、たまったホコリが落ちたり、虫やネズミの侵入経路になるので汚染防止の観点からも望ましくない）
照　明	作業、清掃、点検が十分できるよう必要な照度を保つこと
換気設備	食品を扱う作業をする場所の真上は結露しにくく、水滴等により食品を汚染しないよう、換気ができる設備があること（換気扇、窓など）
手洗設備	従業者の手指を洗浄・消毒するための設備があること。なお、水栓は洗浄後の再汚染を防止できる構造であること（再汚染防止構造とは、レバー式、自動水栓、ボタン式など、手を洗った後に再度水栓ハンドルを触らずに止水できる構造）
洗浄設備	食品等を洗浄するため、必要に応じて熱湯等を供給できる目的に応じた大きさ・数の洗浄設備を設けること（2槽シンクでお湯が出ることが基本）
冷凍冷蔵設備	必要に応じて食品の冷凍・冷蔵設備があること（冷蔵設備は必須、冷凍設備は任意）
保管設備	原材料を適切な温度・汚染を防止できる状態で保管できる戸棚等の設備を設けること（食材を床に直置きしたりしないようにする）
更衣場所	従業員人数に応じた更衣場所を、調理場への出入りが容易な場所に作ること（更衣室は必須ではない。更衣室を設けない場合は、脱いだ服や靴を入れておく「更衣箱」等を用意する）
給水・排水設備	給排水設備があること
トイレ	従業者の数に応じて必要なトイレを作ること（客用トイレは必須ではない。従業員・客共用でももちろんよい） 調理場に汚染の影響を及ぼさない構造であること（例えば、調理場から直接トイレにつながる構造は不可） 専用の手洗い設備があること（トイレを使ったらすぐ手を洗えるよう、トイレ内や近接する場所に手洗い器を設ける）
廃棄物容器	プラスチック製で蓋つきのゴミ箱を用意すること
清掃用具	調理場を清掃するための専用用具を備え、保管場所や清掃作業手順を決めておくこと（保管場所、手順については貼り出しが必要なこともある）

配置図を参照にしながら、設備について詳しく解説します。

◎調理設備等配置図例

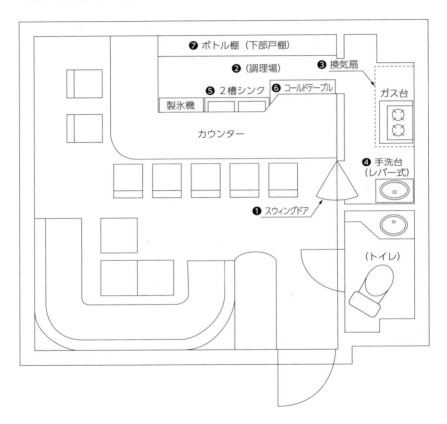

【解 説】

❶ 区 画

調理場と客室等を分ける設備です。壁を建ててドアを設置するのはもちろん、スウィングドア、ウェスタンドア等の簡易的な間仕切りでも構いません。カーテンは間仕切りとしては認められません。

❷ 床・壁・天井

いずれも厚板、コンクリート、タイルなど清掃が容易な素材でな

ければいけません。また、床、壁の下から1mまでは防水されていることが必要です。

　配管むき出しの天井だと許可が取れないことがあります。コンクリート打ちっぱなしを活かした内装のようなケースです。客室は構いませんが、調理場の天井は配管・配線等がむき出しだとホコリがたまって落ちてきたり、ネズミなどの侵入経路になるため衛生的とはいえません。

❸　換気設備

　換気扇のほか、自然換気（窓を開けるなど）でも構いません。窓を開けて換気する場合は、ほこりや虫が入らないように網戸等の設置が必要です。

❹　手洗設備

　今回の食品衛生法の改正でほとんどの店舗が影響を受けたのが、従業員が手を洗った際の再汚染防止規定です。汚染された手で水栓ハンドルを握り、洗った後に再度ハンドルに触ることで再汚染されます。したがって、最低限、水を止める際にハンドルに手を触れなくてよい構造が求められています。

　具体的には、レバー式、足踏み式、センサー式（自動）、押しボタン式などです。最も簡単に対応できるのがレバー式で、あちこちの店舗でレバーへの交換が行われています。レバーを肘で操作することによって手の再汚染が防げます。

❺　洗浄設備

　洗浄設備も法改正によって変わりました。これまで大きさや2層以上いう決まりがありましたが、「使用目的に応じた大きさ及び数」に変わったため、許可が取りやすくなりました。

　料理（食材を洗って調理する等）をする場合は、これまでと同様に2槽シンクが必要です。料理をしない店であれば、最低1槽のシンクで足ります。

　例えば、お酒の提供がメインで食事は乾き物やレンジで温めた惣

菜を皿に盛って出す程度であれば、食材を洗うことがないので1槽シンクで構いません（1槽シンクでは食器具を洗います）。

　大きさも、洗う食器や食材の大きさに応じて決めればよいので、これまでより柔軟になりました。ただし、極端に小さな場合は事前に管轄の保健所に確認することをお勧めします。

　給湯設備も必要に応じて設置することとなりました。料理をする店では設備が必要です。一方、キャバクラやバーはお酒と乾き物程度（料理をしない）の提供ということも多いので、洗うものがグラス・皿程度で、水洗いで汚れが十分落ちる程度であれば給湯設備は必須ではありません。

　ただし、給湯に関してはお店の規模（食器具を洗う人が十分全体に目を配れるかどうかという観点）、営業の内容等によって要・不要の判断がかなり異なります。給湯設備を設けない場合は、事前に保健所の担当者とよく相談することをお勧めします。

　なお、営業上はお湯が出たほうが便利なので給湯設備があるに越したことはないです。

❻　冷凍冷蔵設備

　冷蔵設備は必須ですが、冷凍設備は任意です。冷蔵設備とは、冷蔵庫やコールドテーブル、冷蔵ショーケース等のことです。冷蔵庫は、その店舗で使う食材等が入るだけの容量があれば、家庭用冷蔵庫でも構いません。温度計が付いていない冷蔵庫には、温度計を購入し中に入れましょう。

❼　保管設備

　原材料（常温保存できる食材等）を保管する場所です。戸棚等、虫やネズミの害を防げる設備が必要です。冷蔵が必要なものは冷蔵設備に保管してください。

　食器については、「食器戸棚」の設置が必須ではなくなりました。小規模なワインバーなどでは、食器戸棚を設けずにグラスレールを設備する場合もあります。ただし、食器を虫やネズミのフン、ホコ

リなどの汚染から守らなくてはならないことに変わりはありません。結局、食器戸棚が最も適しています。どうしても食器戸棚を設置できない場合は、管轄の保健所に事前に相談して対策してください。

②　食品衛生責任者

　食品衛生責任者は、店舗ごとに１名必要です。食品衛生責任者になれるのは、次の資格がある者です。
・栄養士、調理士、製菓衛生士等の資格者
・食品衛生管理者または食品衛生監視員となることができる資格を有する者
・食品衛生責任者の資格取得のための養成講習会修了者
　このうち食品衛生責任者の資格取得のための養成講習会は、１日の受講で食品衛生責任者の資格がもらえるためよく利用されます。東京都内で講習を受けると修了証として赤い手帳が交付されるため、「赤い手帳はもらっていますか？」と聞くとわかりやすいです。

（4）事前相談

　事前相談は必須ではありませんが、新たに内装工事をする場合は着工前に事前相談を活用することをお勧めします。不足する設備等について指導を受けられるので、許可が取れるよう内装を変更することもあるからです。相談の際には、具体的な相談ができるように内装図面（案）を持っていきましょう。

　工事してしまってから設備を変更するのは、とても時間とお金がかかります。内装設計段階から関わる仕事のときは、申請者に無駄な時間やお金を使わせないよう事前相談をうまく活用しましょう。

　居抜き店舗の場合でも、許可が取れるかどうか迷うときには図面を持参して事前相談します。筆者は、不安な部分の写真を撮って、図面と写真両方を確認してもらうこともあります。検査時に「これでは許可できません」とならないように事前の確認が重要です。

Column

居抜きとスケルトン

　居抜きとは、前の賃借人が置いていった内装設備がそのまま残っていることをいいます。一方、スケルトンは何もない状態、コンクリート打ちっぱなしの状態をいいます。最初の打ち合わせで営業所の状態を知りたいときに、「居抜きですか？スケルトンですか？」などと聞きます。

　居抜きの場合、今すぐ営業できるような設備が整っていることも多いのですが、足りないものもあるので事前の確認が重要です。令和３年６月より前に作られた調理場だと、現在の許可要件を満たせないことが多いので、水回りに少し手を入れてもらったりします。

　スケルトンの場合、居抜きと比べて工事期間がずっと長くなります。着工する前に内装デザイン図面を確認して、設備に過不足がないかを確認するようにしてください。工事が終わった後に気づいてやり直しなんてことにならないようにしましょう。

　また、居抜きを一部改装することを「はきだし（掃き出し）」ということがあるそうです。実査の際に「ここは居抜きなの？」と聞かれて「いいえ、はきだしです」なんて答えると通ぶれます。

（5）押さえておくべき申請のポイント

①　内装は完成見込みで申請可能

　行政書士の仕事の多くは、営業所等や資格者の準備が完璧に整ってから申請します。例えば、建設業許可申請であれば、営業所があって専任技術者や経営管理責任者がいなければ申請できません。風俗営業許可申請も、営業所が完成してからの申請です。

　しかし、飲食店営業許可申請は、「予定」や「見込み」で申請できます。どこの保健所も、「施設完成予定の 10 日前頃には申請してほしい」と案内しています。つまり、申請段階で内装が完成している必要はありません。検査時に調理場とトイレ周り、更衣室が完成していればよく、客席部分は未完成でも問題ありません。

　また、申請時に添付した図面と実際の設備が異なっていても、必要な設備がすべてそろっていれば原則として許可されます。この場合、申請時の図面と完成した設備の状況が大幅に異なっていれば完成時の図面と差し替えます。

②　食品衛生責任者の資格が間に合わないときは

　食品衛生責任者の資格として、講習を受講する人が多いです。ただ、講習会は申込みから受講まで１、２か月かかることもあり、今すぐ許可申請したいのに間に合わないということも珍しくありません。

　しかし、講習を受けるまで申請できないわけではありません。３か月以内に資格者を選任する必要がありますが、申請時にはいなくても申請できますし許可も取れます。多くの保健所では、「３か月以内に食品衛生責任者を選任する」旨の誓約書を求めています。詳細は申請先の保健所で相談・確認してください。

③　風俗営業許可申請等を見越して書類を作る

　15 ページの必要書類に記載したように、飲食店営業許可申請の
書類はとてもシンプルです。営業所の住所や申請者の住所を確認す
る書類も求められないので、間違った記載やいい加減な記載でもそ
のまま申請できてしまいます。

　しかし、いい加減な記載で申請すると、許可書にもそのままいい
加減な記載が反映されてしまいます。その許可書は、風俗営業許可
申請等の際に添付するものです。許可書の記載内容に間違いがあれ
ば申請を受け付けてもらえないこともあります。ですから、風俗営
業許可申請等を見越して正確な記載をしなければなりません。

　i　住所、氏名は住民票等を確認して記載する

　申請者の住所、氏名は住民票（法人であれば履歴事項証明書）
を確認して記載するようにしましょう。つまり、飲食店営業許
可申請の際には住民票等の添付は不要ですが、確認のために用
意してもらう必要があるということです。

　法人の場合、法人番号は国税庁の法人番号公表サイトで検索
できます。このサイトでは商号と本店所在地は確認できますが、
代表者の氏名は確認できません。代表者の氏名を確認するため
にも履歴事項証明書を用意してもらいましょう。添付するのは
コピーで構わないので、原本は風俗営業許可申請等の際に使用
します。

　ii　営業所（施設）所在地は物件契約書で確認する

　営業所（施設）所在地も、いい加減に記載するといい加減な
許可書が出来上がってしまいます。申請者に物件契約書（賃貸
借契約書）を用意してもらい、ビル名、部屋番号などをきちん
と確認したうえで申請するようにしてください。

（6）申請書の作成

　申請書は、個人申請も法人申請も共通です。申請様式は管轄の保健所のホームページからダウンロードできます。窓口で交付してもらうこともできます。次ページ以降の記入例を参考にしてポイントを押さえつつ作ってみましょう。

◎申請書（個人）記入例

【許可・届出共通】

❶ 令和 5 年　〇月　〇日
整理番号：
※申請者、届出者による記載は不要です。

❷ 台東保健所長　殿

❷ 営業許可申請書・営業届（新規・継続）

食品衛生法 第55条第1項 第57条第1項 の規定に基づき、次のとおり関係書類を提出します。
※ 以下の情報は「官民データ活用推進基本法」の目的に沿って、原則オープンデータとして公開します。 ❸
申請者又は届出者の氏名等のオープンデータに不都合がある場合は、次の欄にチェックしてください。（チェック欄□）

申請者・届出者情報

郵便番号：111-1111	電話番号：090-0000-〇〇〇〇	FAX番号： ❹
電子メールアドレス： ❹		法人番号：
申請者・届出者住所　※法人にあっては、所在地 **東京都新宿区歌舞伎町3丁目〇番2-101号** ❺		
（ふりがな）ほうれい　たろう 申請者・届出者氏名　※法人にあっては、その名称及び代表者の氏名 **法令　太郎**		（生年月日） 平成 5 年 7 月 9 日生

営業施設情報

郵便番号：111-1112	電話番号：03-〇〇〇〇-0000	FAX番号：
電子メールアドレス： info@〇〇.jp		
施設の所在地 **東京都新宿区歌舞伎町1丁目〇番〇号　法令ビル2階A号室** ❻		
（ふりがな）くらぶ　はなこ 施設の名称、屋号又は商号 **CLUB　花子**		
（ふりがな）ほうれい　はなこ 食品衛生責任者の氏名　※合成樹脂が使用された器具又は容器包装を製造する営業者を除く。 **法令　花子**	資格の種類　食管・食監・調・製・栄・船舶・と畜・食鳥 受講した講習会　都道府県知事等の講習会（適正と認める場合を含む。） ❼ 講習会名称 **東京都** R5 年　4 月　1 日	
主として取り扱う食品、添加物、器具又は容器包装 ❾ **アルコールを含む飲料**	自由記載 ❽ 〇〇〇〇〇号	
自動販売機の型番	業態 **スナック（社交飲食店）** ❿	
HACCPの取組	※ 引き続き営業許可を受けようとする場合に限る。 ただし、複合型そうざい製造業、複合型冷凍食品製造業の場合は、新規の場合を含む。 □　HACCPに基づく衛生管理 ☑　HACCPの考え方を取り入れた衛生管理 ⓫	

業た種情報じ応に

指定成分等含有食品を取り扱う施設	□
輸出食品取扱施設 ※この申請等の情報は、国の事務に必要な限度において、輸出時の要件確認等のために使用します。	□

営業届出

	営　業　の　形　態	備考
1		
2		

担当者

（ふりがな）ほうれい　たろう 担当者氏名 **法令　太郎** ⓬	電話番号 090-0000-〇〇〇〇

受付者		保　健　所　収　受　印	料 金 収 納 印	手　数　料　内　訳	
申　請　入　力				1	
許　可　入　力				2	
許　　可　　書				3	
				4	

【記載方法】

❶　申請日を記入します。

❷　新規、営業許可の場合はここを囲みます。

❸　オープンデータとして公開されたくない場合にチェックを入れます。

❹　電子メールアドレス、FAX 番号などを設置しない場合は記入しなくてよいです。

❺　住民票の記載どおりに記入します。

❻　物件契約書等で確認してビル名、部屋番号等を正確に記入します。

❼　養成講習会修了者の例です。講習を受けた都道府県、受講年月日を記載します。

❽　養成講習会修了者証（赤い手帳）の番号を記入しておくとよいです。

❾　主として扱う食品を記入します（お酒→アルコールを含む飲料、料理する→調理食品）。

　※　分類表がありますが、上記の２つでほぼ事足りるはずです。不明な場合は保健所に相談しましょう。

❿　参考としてどのような店かを記入します。

⓫　HACCP については省略しますが、本書で扱う飲食店はこちらにチェックを入れます。

⓬　営業開始後も対応ができる人を想定しています。許可申請の担当者（行政書士）の連絡先は欄外に書いておくとよいです。

【許可のみ】

			該当には
申請者・届出者情報	法第５５条第２項関係 ⓭		☑
	(1)	食品衛生法又は同法に基づく処分に違反して刑に処せられ、その執行を終わり、又は執行を受けることがなくなつた日から起算して２年を経過していないこと。	☐
	(2)	食品衛生法第５９条から第６１条までの規定により許可を取り消され、その取消しの日から起算して２年を経過していないこと。	☐
	(3)	法人であつて、その業務を行う役員のうちに（1）（2）のいずれかに該当する者があるもの	☐

営業施設情報	食品衛生法施行令第13条に規定する食品又は添加物の別	☐①全粉乳（容量が1,400グラム以下である缶に収められたもの）　☐②加糖粉乳　☐⑤魚肉ハム　☐⑧食用油脂（脱色又は脱臭の過程を経て製造されるもの）　☐③調製粉乳　☐⑥魚肉ソーセージ　☐⑨マーガリン　☐⑪添加物（法第13条第1項の規定により規格が定められたもの）　☐④食肉製品　☐⑦放射線照射食品　☐⑩ショートニング		

	（ふりがな）		資格の種類	
	食品衛生管理者の氏名　※「食品衛生管理者選任（変更）届」も別途必要		受講した講習会	講習会名称　　　　　　　年　　月　　日

	使用水の種類		自動車登録番号　※自動車において調理をする営業の場合	
	① 水道水（☐水道水　☐専用水道　☐簡易専用水道） ② ☑ ①以外の飲用に適する水 ⓮			

業種に応じた情報	飲食店のうち簡易飲食店営業の施設		☐	生食用食肉の加工又は調理を行う施設	☐
	ふぐの処理を行う施設				☐
	（ふりがな） ふぐ処理者氏名　※ふぐ処理する営業の場合			認定番号等	

添付書類	☑　施設の構造及び設備を示す図面（事業譲渡の場合は省略可）⓯　☐	
	☑　（飲用に適する水使用の場合）水質検査の結果 ⓰　☐	
	☐　☐	

事業譲渡	営業を譲り受けたことを証する旨

営業許可業種		許可番号及び許可年月日	営　業　の　種　類	備考
	1	年　　月　　日	飲食店営業 ⓱	
	2	年　　月　　日		
	3	年　　月　　日		
	4	年　　月　　日		

備考	

【記載方法】

⓭　該当しなければ空欄でよいです。

　※　従前は該当しない場合にチェックを入れていたので要注意です。

⓮　貯水槽等の場合は、②にチェックを入れます。

⓯　図面は2部必要です。

⓰　貯水槽等の場合は、水質検査証のコピーを添付します。

⓱　「飲食店営業」と記入します。

◎申請書（法人）記入例

【許可・届出共通】

❶ 令和５年　○月　○日
整理番号：
※申請者、届出者による記載は不要です。

台東保健所長　殿

❷ 営業許可申請書・営業届（新規・継続）

食品衛生法 第55条第1項（第57条第1項）の規定に基づき、次のとおり関係書類を提出します。❸
※ 以下の情報は「官民データ活用推進基本法」の目的に沿って、原則オープンデータとして公開します。
申請者又は届出者の氏名等のオープンデータに不都合がある場合は、次の欄にチェックしてください。（チェック欄□）

申請者・届出者情報	郵便番号：111-1111　電話番号：03-0000-○○○○　FAX番号：03-○○○○-0000 ❹❺ 電子メールアドレス： horei@○○.jp ❹　法人番号：111○○○○○○○○○○ 申請者・届出者住所 ※法人にあっては、所在地 東京都新宿区歌舞伎町３丁目１番２　駅前ビル ❻ （ふりがな）ほうれいしょうじごうどうがいしゃ　ほうれい　たろう　（生年月日） 申請者・届出者氏名 ※法人にあっては、その名称及び代表者の氏名 法令商事合同会社　代表社員　法令 太郎 ❼　❽ 年 月 日生

営業施設情報	郵便番号：111-1112　電話番号：03-○○○○-0000　FAX番号： 電子メールアドレス： info@○○.jp 施設の所在地 東京都新宿区歌舞伎町２丁目○番○号　大入ビル　５階Ｂ室 ❾ （ふりがな）くらぶ　ぱれーど 施設の名称、屋号又は商号 CLUB パレード （ふりがな）ほうれい　はなこ　資格の種類 食管・食監・調・製・栄・船舶・と畜・食鳥 食品衛生責任者の氏名 ※合成樹脂が使用された器具又は容器包装を製造する営業者を除く。　受講した講習会 都道府県知事等の講習会（適正と認める場合を含む。） 法令 花子 ❿　講習会名称 東京都 R5年 4月 1日 主として取り扱う食品、添加物、器具又は容器包装 自由記載 ○○○○○号 ⓫ アルコールを含む飲料 ⓬ 自動販売機の型番　業態 キャバクラ（社交飲食店）⓭ HACCPの取組 ※引き続き営業許可を受けようとする場合に限る。ただし、複合型そうざい製造業、複合型冷凍食品製造業の場合は、新規の場合を含む。 □ HACCPに基づく衛生管理 ☑ HACCPの考え方を取り入れた衛生管理 ⓮

業た種情報じ応に	指定成分等含有食品を取り扱う施設	□
	輸出食品取扱施設 ※この申請等の情報は、国の事務に必要な限度において、輸出時の要件確認等のために使用します。	□

営業届出	営業の形態	備考
	1	
	2	

担当者	（ふりがな）ほうれい　たろう　電話番号
	担当者氏名 法令 太郎 ⓯　090-0000-○○○○

受付者		保 健 所 収 受 印	料 金 収 納 印	手 数 料 内 訳
申　請　入　力				1
許　可　入　力				2
許　可　書				3
				4

【記載方法】

❶　申請日を記入します。

❷　新規、営業許可の場合はここを囲みます。

❸　オープンデータとして公開されたくない場合にチェックを入れます。

❹　電子メールアドレス、FAX番号など、設置しないものは記入しなくてよいです。

❺　法人番号は国税庁の法人番号公表サイトで検索できます。履歴事項全部証明書（コピー可）を添付する場合は記入不要です。

　　ただし、保健所によっては記入を求められることもあるので調べておくのが無難です。

❻　履歴事項全部証明書の記載どおりに記入します。

❼　履歴事項全部証明書の記載どおりに記入します。

❽　生年月日は記入しません。

❾　物件契約書等で確認してビル名、部屋番号等を正確に記入します。

❿　養成講習会修了者の例です。講習を受けた都道府県、受講年月日を記載します。

⓫　養成講習会修了者証（赤い手帳）の番号を記入しておくとよいです。

⓬　主として扱う食品を記入します（お酒→アルコールを含む飲料、料理する→調理食品）。

　※　分類表がありますが、上記の2つでほぼ事足りるはずです。不明な場合は保健所に相談しましょう。

⓭　参考としてどのような店かを記入します。

⓮　HACCPについては省略しますが、本書で扱う飲食店はこちらにチェックを入れます。

⓯　営業開始後も対応ができる人を想定しています。許可申請の担当者（行政書士）の連絡先は欄外に書いておくとよいです。

【許可のみ】

<table>
<tr><td rowspan="4">申請者・届出者情報</td><td colspan="2">法第５５条第２項関係 ⓰</td><td>該当には☑</td></tr>
<tr><td>(1)</td><td>食品衛生法又は同法に基づく処分に違反して刑に処せられ、その執行を終わり、又は執行を受けることがなくなつた日から起算して２年を経過していないこと。</td><td>□</td></tr>
<tr><td>(2)</td><td>食品衛生法第５９条から第６１条までの規定により許可を取り消され、その取消しの日から起算して２年を経過していないこと。</td><td>□</td></tr>
<tr><td>(3)</td><td>法人であつて、その業務を行う役員のうちに(1)(2)のいずれかに該当する者があるもの</td><td>□</td></tr>
</table>

<table>
<tr><td rowspan="6">営業施設情報</td><td colspan="2">食品衛生法施行令第13条に規定する食品又は添加物の別</td><td colspan="2">□①全粉乳（容量が1,400グラム以下である缶に収められたもの）
□②加糖粉乳　□⑤魚肉ハム　　　□⑧食用油脂（脱色又は脱臭の過程を経て製造されるもの）
□③調製粉乳　□⑥魚肉ソーセージ　□⑨マーガリン　□⑪添加物（法第13条第1項の規定により規格が定められたもの）
□④食肉製品　□⑦放射線照射食品　□⑩ショートニング</td></tr>
<tr><td colspan="2">（ふりがな）</td><td>資格の種類</td><td></td></tr>
<tr><td colspan="2">食品衛生管理者の氏名　※「食品衛生管理者選任（変更）届」も別途必要</td><td>受講した講習会</td><td>講習会名称　　　　　年　　月　　日</td></tr>
<tr><td colspan="2">使用水の種類</td><td>自動車登録番号　※自動車において調理をする営業の場合</td><td></td></tr>
<tr><td colspan="2">① 水道水（□水道水 □専用水道 □簡易専用水道）</td><td rowspan="2"></td><td rowspan="2"></td></tr>
<tr><td colspan="2">② ☑ ①以外の飲用に適する水 ⓱</td></tr>
</table>

<table>
<tr><td rowspan="3">業種に応じた情報</td><td colspan="2">飲食店のうち簡易飲食店営業の施設</td><td>□</td><td>生食用食肉の加工又は調理を行う施設</td><td>□</td></tr>
<tr><td colspan="2">ふぐの処理を行う施設</td><td></td><td></td><td>□</td></tr>
<tr><td>（ふりがな）
ふぐ処理者氏名　※ふぐ処理する営業の場合</td><td></td><td colspan="2">認定番号等</td><td></td></tr>
</table>

<table>
<tr><td rowspan="4">添付書類</td><td>☑ 施設の構造及び設備を示す図面（事業譲渡の場合は省略可）⓲</td><td>□</td></tr>
<tr><td>☑ （飲用に適する水使用の場合）水質検査の結果 ⓳</td><td>□</td></tr>
<tr><td>□</td><td>□</td></tr>
<tr><td>□</td><td>□</td></tr>
</table>

<table>
<tr><td>事業譲渡</td><td colspan="3">営業を譲り受けたことを証する旨</td></tr>
</table>

<table>
<tr><td rowspan="5">営業許可業種</td><td></td><td>許可番号及び許可年月日</td><td>営　業　の　種　類</td><td>備　考</td></tr>
<tr><td>1</td><td>年　　月　　日</td><td>飲食店営業 ⓴</td><td></td></tr>
<tr><td>2</td><td>年　　月　　日</td><td></td><td></td></tr>
<tr><td>3</td><td>年　　月　　日</td><td></td><td></td></tr>
<tr><td>4</td><td>年　　月　　日</td><td></td><td></td></tr>
</table>

<table>
<tr><td>備考</td><td></td></tr>
</table>

【記載方法】

⓰　該当しなければ、空欄でよいです。

　　※　従前は該当しない場合にチェックを入れていたので要注意です。

⓱　貯水槽等の場合は、②にチェックを入れます。

⓲　図面は2部必要です。

⓳　貯水槽等の場合は、水質検査証のコピーを添付します。

⓴　「飲食店営業」と記入します。

○　履歴事項全部証明書について

i　履歴事項全部証明書で確認すべきこと

　事業目的に「飲食店の経営」、「社交飲食店の経営」「キャバクラの経営」など、飲食店の経営や社交飲食店等の経営をすることがわかるものがない場合は、定款変更と変更登記をして目的を追加してもらう必要があります。

　社交飲食店、特定遊興飲食店の営業許可申請をする場合は、目的追加が必要ですが、飲食店営業許可申請の際には、目的変更は不要です。飲食店営業許可申請では、「法人が真正に成立していること」が確認できればよいという考え方のようです。

　ただし、あくまで許可申請上は目的変更が不要ということです。実際に事業を始めるまでには目的変更をすべきであることを申請者に伝えておきましょう。

　また、これまでの経験では、警視庁管内では深夜における酒類提供飲食店営業営業開始届において、上記の目的変更が必要だったことはありません。ただし、他府県も同じ考え方とは限らないので事前に所轄警察署に確認してください。

ii　法人番号と履歴事項全部証明書

　申請書に法人番号を記入すると、履歴事項全部証明書の添付が不要になります。法人番号は、国税庁の法人番号公表サイトで検索できます。検索すると、法人番号、商号、本店所在地が表示さ

れます。代表者氏名は表示されないので、代表者氏名の確認のためにも履歴事項全部証明書はあらかじめ用意しておくのがよいでしょう。

　履歴事項全部証明書はコピーの添付でも構わないので、コピーを提出して原本は社交飲食店等の営業許可申請に使用します。

（7）現地調査のポイント

　飲食店営業許可で最も大事なことは、営業所現地の調理場に必要な設備が調っているということです。その点を確認するため、現地検査があります。

　検査当日に保健所から担当者が店舗に来て、設備（20 ページ（3）参照）がそろっているかを図面と照らし合わせて確認します。それだけでなく実際に水を流したり、お湯が出るか確認したりするので、単に見せかけだけできていればよいというものではありません。

　ここでは、現地調査のポイントをまとめます。

①　検査当日までに必要な設備が調っていること

　工事が間に合わなくて給排水の配管がつながっていない、ガスの開栓を忘れていてお湯が出ないなど、必要な設備が準備できていなければ検査不合格となり、再検査になってしまいます。その分余計な時間がかかるので、何をどこまで準備しておかなければならないかということを申請者とよくすり合わせることが大事です。

　居抜き店舗の場合、従業員の手洗い器が再汚染防止対応になっていないことがしばしばあります。そのままでは許可されないので、必ず事前に確認して対応しておきましょう。

②　客席は未完成でもよい

　保健所の検査は、調理場とトイレ周り（更衣室を作るなら更衣室も検査対象の場合もあります。）が対象です。そのため、客席につ

いては未完成でも問題ありません。テーブルや椅子が未設置であっても一向に構いません。保健所担当者と我々が調理場内を見ているそばで、職人が客室の床や壁を貼っていることもよくあります。

　また、鍋などの細かい調理器具や食器類も未設置の状態で構いません。

（8）許可と許可書の発行

　保健所ごとに異なりますが、現地調査後、最も早い場合は同日付で許可となります。翌営業日付け、決済の都合で2、3日後など様々なので、申請の際に確認しておくとよいでしょう。

　許可が出れば飲食店営業を開始できます。ただし、接待行為、深夜の遊興、深夜に主として酒類を提供する営業はできません。

　許可書の発行までは、許可日から1～2週間程度かかります。社交飲食店等の許可申請には、飲食店営業許可書のコピーを添付するのですが、許可書の発行を待たずに申請できる方法があります。

　飲食店営業許可申請をすると、申請中であることを証明する「証明書」を交付してもらえます（有料（300円位））。証明書には、申請者の住所氏名、施設（営業所）の名称、所在地、営業種別（飲食店営業）等が記載されていて、これを添付して社交飲食店等の許可申請をすることも可能です。許可書が発行されたら、証明書と許可書のコピーを差し替えます。

　ただし、これはあくまで例外的な方法です。そのため、証明書では受け付けないという警察署もあります。特に深夜における酒類提供飲食店営業の届出は、届出後にきちんと差し替えの許可書コピーを持ってこない人が多いということで、受け付けてもらえないことがあります。事前に所轄警察署に確認の上、申請・届出をしてください。そして、必ず許可書のコピーと差し替えるようにしてください。

Column

現地検査は追完のチャンス

保健所の現地調査の際には、申請内容の最終確認をするようにしています。気づかなかった誤記や申請者の希望で修正することもあるからです。現地調査が終われば、あとは許可に向けて決済が進みます。そうなると訂正はできないので、許可後に変更届が必要になることもあります。つまり、現地調査は最後の確認チャンスでもあるのです。

ただし、証明書（39ページ）交付後は訂正ができません。証明書は決裁を経て交付されるためです。もし、訂正すべき点があれば、許可書発行後に変更届出することになります。

第1章

風俗営業許可申請

風俗営業許可申請の基礎知識

　本書では、社交飲食店、特定遊興飲食店、深夜における酒類提供飲食店について解説します。

　風俗営業等を営むには、各都道府県公安委員会の許可（届出）が必要です。公安委員会の許可（届出）の前提として、飲食店営業許可を取得している必要があります。そのため、お客様から「風俗営業の許可を取りたい」という問い合わせがあれば、飲食店営業許可も必要であることを説明しましょう。まれにすでに飲食店営業許可は取ってあるというケースもありますが、多くの場合は両方の許可申請を行うことになります。

　したがって、飲食店営業許可申請の実務についても理解が必要です。飲食店営業許可申請については、序章を参照してください。

（1）風俗営業等の種類

　風俗営業の種類は、風営法（風俗営業等の規制及び業務の適正化等に関する法律。以下、本書では「法」という）に定められています。店の名称に限らず、営業の実態に基づいてどの許可・届出が必要か決まります。

　例えば、スナックは接待行為を行わない店もあれば、接待行為を行う店もあります。接待行為を行うのであれば第1号営業、行わなければ飲食店営業または深夜における酒類提供飲食店営業になります。本章では、主に第1号営業の社交飲食店について解説します。

・法2条1項1号営業（社交飲食店、料理店）

　キャバレー、待合、料理店、カフェーその他設備を設けて客の接待をして客に遊興又は飲食をさせる営業。

・法2条1項2号営業（低照度飲食店）

喫茶店、バーその他設備を設けて客に飲食をさせる営業で、国家公安委員会規則で定めるところにより計った営業所内の照度を10ルクス以下として営むもの（前号に該当する営業として営むものを除く。）

・法2条1項3号営業（区画席飲食店）

喫茶店、バーその他設備を設けて客に飲食をさせる営業で、他から見通すことが困難であり、かつ、その広さが5平方メートル以下である客席を設けて営むもの。

・法2条1項4号営業（マージャン店、パチンコ店）

まあじやん屋、ぱちんこ屋その他設備を設けて客に射幸心をそそるおそれのある遊技をさせる営業。

・法2条1項5号営業（ゲームセンター）

スロットマシン、テレビゲーム機その他の遊技設備で本来の用途以外の用途として射幸心をそそるおそれのある遊技に用いることができるもの（国家公安委員会規則で定めるものに限る。）を備える店舗その他これに類する区画された施設（旅館業その他の営業の用に供し、又はこれに随伴する施設で政令で定めるものを除く。）において当該遊技設備により客に遊技をさせる営業（前号に該当する営業を除く。）

・法2条11項営業（特定遊興飲食店営業）

ナイトクラブその他設備を設けて客に遊興をさせ、かつ、客に飲食をさせる営業（客に酒類を提供して営むものに限る。）で、午前6時後翌日の午前零時前の時間においてのみ営むもの以外のもの（風俗営業に該当するものを除く。）をいう。

・法33条営業（深夜における酒類提供飲食店営業）

深夜（午前0時から午前6時まで）において、設備を設けて客に酒類を飲食をさせる営業で、営業の常態として、通常主食と認められる食事を提供して営むものを除く。

　法2条1項1号から5号が風俗営業、同11項が特定遊興飲食店営業、法33条は深夜における酒類提供飲食店営業ですが、本書では便宜上これら3つをまとめて「風俗営業等」といいます。

◎店舗の例と飲食店営業許可の要否

	営業の種類	店舗の例	飲食店営業許可の要否
許可	（法2条1項）1号営業	キャバクラ、ホストクラブ、料亭	必要
	2号営業	カップル喫茶	必要
	3号営業	連れ込み喫茶	必要
	4号営業	マージャン店、パチンコ店	任意
	5号営業	ゲームセンター	任意
	（法2条11項）特定遊興飲食店	クラブ、ディスコ、ライブハウス	必要
届出	（法33条）深夜酒類提供飲食店	バー、スナック、ガールズバー	必要

（2）接待行為とは

　接待行為の有無で許可が必要か、届出で済むのかが分かれるので、どんな行為が接待行為にあたるのかは非常に重要です。接待とは、法2条3項において「歓楽的雰囲気を醸し出す方法により客をもてなすことをいう」と定義されています。もう少し具体的にいうと、風営法に関する解釈運用基準では、次のような行為が接待にあたるとしています。

① 　お酌など

　特定少数の客の近くに座るなどして、継続して会話の相手になったりお酌をする行為

② 　ショーなど

　特定少数の客に対して、その客が使用している客室や客室の一部

でショー、演奏などを見せる行為

③　**カラオケなど**

　特定少数の客の近くに座るなどして、その客に対して歌うことを積極的に勧めたり、手拍子や掛け声などで盛り上げる行為やデュエットをすること

④　**ダンスなど**

　特定の客と一緒に踊る行為、また、客の身体に接触しない場合であっても継続してその客と一緒に踊る行為

⑤　**ゲームなど**

　特定少数の客と共に、遊戯、ゲーム、競技等を行う行為

⑥　**その他**

　客と身体を密着させたり、手を握る等客の身体に接触する行為

　店側が接待の主体となって、「積極的に」「特定少数の客」や「特定の客」に働きかける、そして客もそのような歓楽を期待して来店する、というのが接待行為のポイントです。したがって、単に客のリクエストに応じてカラオケをセットするような行為は、接待行為ではありません。

　また、客がダーツなどのゲームを客同士自主的に行うことは接待行為ではありません。しかし、従業員が特定少数の客と一緒にゲームをする行為は接待行為になります。

（3）法、規則、都道府県条例の関係

　どんな申請も同じですが、法律だけを読んでも申請はできません。例えば、風俗営業許可申請の場合、「目の前に学校があったら不許可になる」というのはなんとなく聞いたことがあると思います。ところが、法4条2項2号には「営業所が、良好な風俗環境を保全するため特にその設置を制限する必要があるものとして政令で定める基準に従い都道府県の条例で定める地域内にあるとき」には

許可をしてはならないと、記載があるのみです。

　政令、都道府県条例を読まないと、具体的な設備や距離基準はわかりません。特に注意が必要なのは、都道府県条例（および都道府県公安委員会規則）です。ある都府県では許可が取れても、他府県では許可が取れないということがあるからです。

　本書では東京都条例に即して許可基準等を記載しますので、東京都以外に営業所がある場合はその地域の条例・規則を必ず確認するようにしてください。

　条例等に詳細が記載されている事項のうち、注意が必要なのは次のとおりです。

① 　営業が制限される地域（用途地域と保全対象施設からの距離制限）
② 　保全対象施設
③ 　営業時間の延長が許容される地域
④ 　騒音に関する規定

（4）欠格事由と許可要件

　法4条には、風俗営業を「許可をしてはならない」事項が列挙されています。本書ではこれを欠格事由と許可要件といいます。

　許可を取得するためには、欠格事由（人的な許可要件）、営業所の場所の要件、営業所の設備の要件の3つをクリアしなければなりません。申請時だけでなく、許可時にも欠格事由に該当せず、許可要件を満たしていることが必要です。

　どの欠格事由、許可要件も法や条例・規則に明示されているので、該当しないかどうかを事前に確認できます。この確認を怠ったり、見逃したりして不許可や取下げになれば、損害賠償ということもあります。

①　欠格事由（法4条1項）

　これは、申請者（法人の場合はその代表者および役員）と管理者（店舗責任者。店ごとに必ず置かなければならない。申請者兼管理者でも、申請者とは別に管理者を定めてもよい）に、「許可をしてはならない」事由があれば許可しないという規定です。申請者等が次のいずれかに該当する場合は許可されません。

i　共通の欠格事由

1　破産手続開始の決定を受けて復権を得ない者
2　1年以上の懲役若しくは禁錮の刑に処せられ、又は次に掲げる罪を犯して1年未満の懲役若しくは罰金の刑に処せられ、その執行を終わり、又は執行を受けることがなくなった日から起算して5年を経過しない者

　　イ　第49条又は第50条第1項の罪
　　　※以下、四角囲みと四角囲み内の（　　）は著者注釈

［法49条］
　　1号　無許可営業
　　2号　不正な手段による許可
　　3号　名義貸し
　　4号　営業停止違反等
　　5号、6号（性風俗営業に関する規定のため省略）
　　7号　特定遊興飲食店の無許可営業
［法50条1項］
　　1号　無承認構造変更
　　2号　不正な手段による構造変更承認
　　3号　（性風俗営業に関する規定のため省略）
　　4号　18歳未満の者に接待させる、午後10時以降に18歳未満の者に接客させる、18歳未満のものを客として立ち入らせる（風

> 俗営業の場合）、午後 10 時から午前 6 時までの時間帯に 18 歳
> 未満の者を客として立ち入らせる（特定遊興飲食店の場合）、
> 20 歳未満の者への酒類・煙草の提供
>
> 5 号～9 号（性風俗営業に関する規定のため省略）
>
> 10 号　条例の禁止地域内での深夜酒類提供営業

　ロ　刑法（明治 40 年法律第 45 号）第 174 条、第 175 条、第 182 条、第 185 条、第 186 条、第 224 条、第 225 条（営利又はわいせつの目的に係る部分に限る。以下この号において同じ。）、第 226 条、第 226 条の 2（第 3 項については、営利又はわいせつの目的に係る部分に限る。以下この号において同じ。）、第 226 条の 3、第 227 条 1 項（同法第 224 条、第 225 条、第 226 条、第 226 条の 2 または第 226 条の 3 の罪を犯した者を幇助する目的に係る部分に限る。以下この号において同じ。）若しくは第 3 項（営利又はわいせつの目的に係る部分に限る。以下この号において同じ。）又は第 228 条（同法第 224 条、第 225 条、第 226 条、第 226 条の 2、第 226 条の 3 又は第 227 条第 1 項若しくは第 3 項に係る部分に限る。）の罪

> 刑法 174 条（公然わいせつ）、175 条（わいせつ物頒布等）、182 条（淫行勧誘）、185 条（賭博）、186 条（常習賭博及び賭博場開張等図利）、224 条（未成年者略取及び誘拐）、225 条（営利目的等略取及び誘拐）、226 条（所在国外移送目的略取及び誘拐）、226 条の 2（人身売買）、226 条の 3（被略取者等所在国外移送）、227 条（被略取者引渡し等）、228 条（未遂罪）、

　ハ　組織的な犯罪の処罰及び犯罪収益の規制等に関する法律（平成 11 年法律第 136 号）第 3 条第 1 項（第 5 号又は第 6 号に係る部分に限る。）又は第 6 条（第 1 項第 2 号に係る部分に限る。）の罪

> 組織的な犯罪の処罰及び犯罪収益の規制等に関する法律3条1項5号
> （常習賭博）、6号（賭博場開張等図利）、6条1項2号（営利目的等
> 略取及び誘拐）

ニ　売春防止法（昭和31年法律第118号）第2章の罪

> 売春防止法第2章5条（勧誘等）、6条（周旋等）、7条（困惑等によ
> る売春）、8条（対償の収受等）、9条（前貸等）、10条（売春をさせ
> る契約）、11条（場所の提供）、12条（売春をさせる業）、13条（資
> 金等の提供）

ホ　児童買春、児童ポルノに係る行為等の規制及び処罰並びに
　　児童の保護等に関する法律（平成11年法律第52号）第4条
　　から第8条までの罪

> 児童買春、児童ポルノに係る行為等の規制及び処罰並びに児童の保護
> 等に関する法律4条（児童買春）、5条（児童買春周旋）、6条（児童
> 買春勧誘）、7条（児童ポルノ所持、提供等）、8条（児童買春等目的
> 人身売買等）

ヘ　性的な姿態を撮影する行為等の処罰及び押収物に記録され
　　た性的な姿態の影像に係る電磁的記録の消去等に関する法律
　　（令和5年法律第67号）第2条から第6条までの罪

> 性的な姿態を撮影する行為等の処罰及び押収物に記録された性的な姿
> 態の影像に係る電磁的記録の消去等に関する法律2条（性的姿態等撮
> 影）、3条（性的影像記録提供等）、4条（性的影像記録保管）、5条
> （性的姿態等影像送信）、6条（性的姿態等影像記録）

ト　労働基準法（昭和22年法律第49号）第117条、第118条
　　第1項（同法第6条又は第56条に係る部分に限る。）又は第
　　119条第1号（同法第61条又は第62条に係る部分に限る。）

（これらの規定を船員職業安定法（昭和 23 年法律第 130 号）又は労働者派遣事業の適正な運営の確保及び派遣労働者の保護等に関する法律（昭和 60 年法律第 88 号）の規定により適用する場合を含む。）の罪

労働基準法 117 条（強制労働の禁止）、118 条（6 条（中間搾取の排除）・56 条（最低年齢））、119 条（61 条（深夜業）・（62 条（危険有害業務の就業制限））

チ　船員法（昭和 22 年法律第 100 号）第 129 条（同法第 85 条第 1 項又は第 2 項に係る部分に限る。）又は第 130 条（同法第 86 条第 1 項に係る部分に限る。）（これらの規定を船員職業安定法の規定により適用する場合を含む。）の罪

船員法 129 条（年少船員の就業制限）、130 条（年少船員の夜間労働の禁止）

リ　職業安定法（昭和 22 年法律第 141 号）第 63 条の罪

職業安定法 63 条 1 号（暴行、脅迫、監禁等の不当な手段による職業紹介、労働者の募集若しくは労働者の供給等）、2 号（有害業務の職業紹介、労働者の募集若しくは労働者の供給）

ヌ　児童福祉法（昭和 22 年法律第 164 号）第 60 条第 1 項又は第 2 項（同法第 34 条第 1 項第 4 号の 3、第 5 号、第 7 号又は第 9 号に係る部分に限る。）の罪

児童福祉法 60 条 1 項（児童に淫行をさせる行為）、2 項（満 15 歳に満たない児童を、販売業務等を行うために、風俗営業法の接待飲食等営業、同店舗型性風俗特殊営業及び店舗型電話異性紹介営業に該当する営業を営む場所に立ち入らせる行為）・（満 15 歳に満たない児童に

酒席に侍する行為を業務としてさせる行為)・(淫行等の恐れがある者
に児童を引き渡す行為)・(児童の心身に有害な影響を与える行為をさ
せる目的をもつて、これを自己の支配下に置く行為)

　　ル　船員職業安定法第 111 条の罪

船員職業安定法 111 条 1 号（暴行、脅迫、監禁等の手段による船員
職業紹介、船員の募集、船員労務供給若しくは船員派遣)、2 号（公
衆衛生又は公衆道徳上有害な業務に就かせる目的の船員職業紹介等)

　　ヲ　出入国管理及び難民認定法（昭和 26 年政令第 319 号）第
　　　73 条の 2 第 1 項の罪

出入国管理及び難民認定法 73 条の 2 第 1 項 1 号（外国人の不法就労
助長)、2 号（外国人に不法就労活動をさせるために自己の支配下に
置いた者)、3 号（業として前 2 号の行為を行った者)

　　ワ　労働者派遣事業の適正な運営の確保及び派遣労働者の保護
　　　等に関する法律第 58 条の罪

(公衆衛生又は公衆道徳上有害な業務に就かせる目的で労働者派遣を
した者)

　　カ　外国人の技能実習の適正な実施及び技能実習生の保護に関
　　　する法律（平成 28 年法律第 89 号）第 108 条の罪

(暴行、脅迫、監禁その他精神又は身体の自由を不当に拘束する手段
によって、技能実習生の意思に反して技能実習を強制した者)

　3　集団的に、又は常習的に暴力的不法行為その他の罪に当たる
　　違法な行為で国家公安委員会規則で定めるものを行うおそれが
　　あると認めるに足りる相当な理由がある者

4　アルコール、麻薬、大麻、あへん又は覚醒剤の中毒者

5　心身の故障により風俗営業の業務を適正に実施することができない者として国家公安委員会規則で定めるもの

6　第 26 条第 1 項の規定により風俗営業の許可を取り消され、当該取消しの日から起算して 5 年を経過しない者（当該許可を取り消された者が法人である場合においては、当該取消しに係る聴聞の期日及び場所が公示された日前 60 日以内に当該法人の役員（業務を執行する社員、取締役、執行役又はこれらに準ずる者をいい、相談役、顧問その他いかなる名称を有する者であるかを問わず、法人に対し業務を執行する社員、取締役、執行役又はこれらに準ずる者と同等以上の支配力を有するものと認められる者を含む。以下この項において同じ。）であった者で当該取消しの日から起算して 5 年を経過しないものを含む。）

7　第 26 条第 1 項の規定による風俗営業の許可の取消処分に係る聴聞の期日及び場所が公示された日から当該処分をする日又は当該処分をしないことを決定する日までの間に第 10 条第 1 項第 1 号の規定による許可証の返納をした者（風俗営業の廃止について相当な理由がある者を除く。）で当該返納の日から起算して 5 年を経過しないもの

8　前号に規定する期間内に合併により消滅した法人又は第 10 条第 1 項第 1 号の規定による許可証の返納をした法人（合併又は風俗営業の廃止について相当な理由がある者を除く。）の前号の公示の日前 60 日以内に役員であった者で当該消滅又は返納の日から起算して 5 年を経過しないもの

9　第 7 号に規定する期間内に分割により同号の聴聞に係る風俗営業を承継させ、若しくは分割により当該風俗営業以外の風俗営業を承継した法人（分割について相当な理由がある者を除く。）又はこれらの法人の同号の公示の日前 60 日以内に役員であった者で当該分割の日から起算して 5 年を経過しないもの

10　営業に関し成年者と同1の行為能力を有しない未成年者。ただし、その者が風俗営業者の相続人であって、その法定代理人が前各号及び次号のいずれにも該当しない場合を除くものとする。

11　法人でその役員のうちに第1号から第9号までのいずれかに該当する者があるもの

ii　申請者が外国人の場合

欠格事由には列挙されていませんが、外国人の場合、申請できる在留資格が次のとおり限られます。出入国管理及び難民認定法で、在留資格ごとに就労内容等が規制されているためです。

・日本人の配偶者等

・永住者、特別永住者

・永住者の配偶者等

・定住者

・経営・管理

このうち、経営・管理は申請者になることはできますが、管理者にはなれないと解されています。

iii　管理者の欠格事由（法4条2項3号）

未成年者は、管理者になることができません。また、申請者の欠格事由のうち法4条1項1号から7号の2までは管理者の欠格事由でもあります。なお、管理者は店ごとに必要なので、他の風俗営業店舗との兼任はできないのが原則です。ただし、2以上の営業所を同時に統括管理することができ、管理者の業務を適正に行い得る場合は、兼任することも可能です（施行規則第37条）

Column

管理者の欠格事由と取下げ

　風営法4条2項には「営業所に第24条第1項の管理者を選任すると認められないことについて相当な理由があるとき」は許可してはならないという規定があります。

　とても珍しいケースだと思いますが、申請時に管理者が欠格事由に該当していたため、後日申請取下げをしたことがあります。それまで、申請者が欠格事由に該当していたら取下げするしかないけれど、管理者なら変更すればよいのではないかと漠然と考えていました（もちろん、欠格事由に該当していないかどうかは必ず確認していますが）。しかし、管理者に欠格事由がある場合も取下げになることを、身をもって知ったのでした。

② 許可要件1 営業禁止地域

　政令で定める基準に従い、都道府県条例で定める地域内に営業所があると許可されません。

【風俗営業が許可されない地域】

i 住居集合地域

　具体的には、第一種低層住居専用地域、第二種低層住居専用地域、第一種中高層住居専用地域、第二種中高層住居専用地域、第一種住居地域、第二種住居地域および準住居地域、田園地域を指します。営業所の一部でもこれらの用途地域にかかっていれば、許可が取れません。

ii 条例で定める学校、病院等の保全対象施設の敷地から 100 m 以内の地域（保全対象施設の用に供するものと決定した土地を含む）

　後述しますが営業所所在地の用途地域が商業地域であれば、距離制限が緩和されます。

　iを見ると、工業地域、工業専用地域は住居集合地域に含まれていないので許可申請できそうに思えますが、建築基準法でキャバクラやナイトクラブの建築が制限されています。したがって、事実上、商業地域と近隣商業地域が営業可能な用途地域となります。

　政令では、iiの保全対象施設からの距離制限はおおむね 100 m を限度とするとしています。この距離制限は、都道府県条例に詳細な規定があり、都道府県ごとに異なるので注意しましょう。

③ 許可要件2 保全対象施設

i 保全対象施設

　保全対象施設とは、その施設が営業所から規定距離内にある場合、許可が取れない施設のことです。すでにある施設だけでな

く、施設の用に供することが決定した土地も対象です。

　何が保全対象施設になるかは、都道府県条例および規則（東京都の場合は東京都公安委員会規則）に定められています。東京都の場合、学校、病院、診療所、児童福祉施設、図書館が保全対象施設です。

学校（学校教育法1条）
幼稚園、小学校、中学校、義務教育学校、高等学校、中等教育学校、特別支援学校、大学及び高等専門学校

児童福祉施設（児童福祉法7条）
助産施設、乳児院、母子生活支援施設、保育所、幼保連携型認定こども園、児童厚生施設、児童養護施設、障害児入所施設、児童発達支援センター、情緒障害児短期治療施設、児童自立支援施設及び児童家庭支援センター

　助産施設には第1種と第2種があり、第1種は病院に含まれます。

　また、病院、診療所（クリニック）には歯科も含まれます。保全対象施設にあたる診療所は、病床設備（入院設備）のあるものに限られます。「歯科には入院設備はないだろう」などと油断しがちですが、入院できる歯科もあります。また、最近では入院設備のある美容クリニックも散見されるので、慎重に調査しなければなりません。

　保育所は認可、無認可、認証保育所がありますが、対象になるのは認可保育所のみです。

　対象となる学校は、学校教育法1条に定められたもの（通称「1条校」）のみなので、専門学校は対象外です。1条校であれば、サテライト校舎や通信制高校であっても対象になります。

　営業所は、ビルの一室に入っていることが多いです。ビル外壁

から測ると保全対象施設までの距離制限にかかってしまっても、営業所部分から測ればクリアできるということもあるので、どの部分から測るべきかというのは重要です。

　なお、保全対象施設から規定の距離分は離れているものの、その差が1m未満であるとき（例えば、100m離れるべき保全対象施設から100.5m離れている場合）は、土地家屋調査士や測量士が作成した測量図の添付が必要になります。

◎保全対象施設までの距離制限一覧（東京都公安委員会規則）

①営業所が商業地域に位置する場合

保全対象施設	規定距離
・学校（大学を除く） ・図書館 ・児童福祉施設	50m以上
・大学 ・病院及び診療所（8人以上の患者を入院させるための施設を有するものに限る）※第1種助産院は病院に含まれる	20m以上
・第2種助産施設及び上記診療所以外の診療所（入院設備を有する者に限る）	10m以上

※　これらの用に供することが決定した土地も含む
※　保育所は認可保育所のみが対象

②営業所が近隣商業地域に位置する場合

保全対象施設	規定距離
・学校（大学を除く） ・図書館 ・児童福祉施設	100m以上
・大学 ・病院及び診療所（8人以上の患者を入院させるための施設を有するものに限る）※第1種助産院は病院に含まれる	50m以上
・第2種助産施設及び上記診療所以外の診療所（入院設備を有する者に限る）	20m以上

※　これらの用に供することが決定した土地も含む
※　保育所は認可保育所のみが対象

③営業所がその他の地域に位置する場合

保全対象施設	規定距離
・学校（大学を除く） ・図書館 ・児童福祉施設	100ｍ以上
・大学 ・病院及び診療所（８人以上の患者を入院させるための施設を有するものに限る）※第１種助産院は病院に含まれる	100ｍ以上
・第２種助産施設及び上記診療所以外の診療所（入院設備を有する者に限る）	100ｍ以上

※　これらの用に供することが決定した土地も含む
※　保育所は認可保育所のみが対象

◎営業所から保全対象施設までの距離の測り方

①保全対象施設、営業所ともに敷地をすべて使用している場合

②営業所が雑居ビルの中にある場合

③保全対象施設、営業所ともに雑居ビルの中にある場合

④営業所に専用の庭や駐車場がある場合

Column
通信制高校に注意

　通信制高校は、最近あちこちで見かけます。繁華街の駅に近いビルにも入っていることが珍しくありません。社交飲食店の店舗があるエリアでもしばしば見かけるので、調査時にドキッとすることがあります。

　ただし、それらすべての高校が学校扱いになるわけではありません。サポート校といって、学習塾のような形態の高校も多くあります。インターネットで学校案内を確認したり、看板を確認したりして学校なのかどうかを検討します。不明な場合は、本校を管轄する都道府県庁の学事課等（都立高校の場合は東京都教育委員会）に問い合わせることもあります。

　インターネットは便利な情報収集ツールです。筆者もわからないことがあればまず検索してみます。ただし、答えを検索するのではなく、答えの探し方、問い合わせ先を探すのが目的です。また、答えを探そうとして行政書士のブログを鵜呑みにしてはいけません。なぜなら、間違いも勘違いも沢山あるからです。

　同様に、「ビルオーナーが大丈夫だと言っている」「前にも許可を取った」というお客様の言葉も鵜呑みにしてはいけません。鵜呑みにして保全対象施設を見逃し、申請取下げをした行政書士もいます（そういう話しは不思議とすぐ広がります）。必ず自分自身の目で確かめ、なおかつ管轄の行政庁などに確認を取りましょう。

ⅱ　特定地域

　特定地域とは、営業所から規定距離内に保全対象施設があったとしても、風俗営業の許可が取得できる地域のことです。

　東京都の場合は、東京都公安委員会告示に定められています（下図を参照）。イメージとしては、飲食店や遊興施設が密集している繁華街のことをいいます。六本木や池袋が含まれていないのが意外ですね。

　日本最大の歓楽街といわれる歌舞伎町も特定地域に指定されています。ただし、2丁目の一部は対象外なので注意しましょう。以前、この除外されてる部分に該当する許可申請をした際、うっかり「特定地域」と書類に記載したため、「確認がなってない！」と浄化協会の担当者にお叱りを受けたことがあります。もし、保全対象施設があれば大変なことになります。その失敗以降は、歌舞伎町2丁目の仕事は必ずこの一覧で住所を確認するようにしています。

　なお、特定地域は保全対象施設に関する特例のみなので、その他の要件については他の地域と同様です。

◎特定地域一覧（東京都公安員会告示）

中央区	銀座4丁目から同8丁目
港　区	新橋2丁目から同4丁目
新宿区	歌舞伎町1丁目、同2丁目（9番、10番および19番から46番まで）および新宿3丁目
渋谷区	道玄坂1丁目（1番から18番）、同2丁目（1番から10番）および桜丘町（15番および16番）

Column

同じビルなのに許可が取れない

　「営業禁止の用途地域に物件を借りてしまうことなんてあるのだろうか」と疑問に思う人も多いでしょう。意外とあります。特に注意が必要なのは六本木です。

　六本木は夜の繁華街というイメージがありますが、用途地域図を見ると住居系用途地域と商業系用途地域が入り組んでいます。２つの用途地域にかかっているビルも少なくありません。通りに面する側は商業地域、反対側は一種住居専用地域ということもあるのです。

　そのため、同じビルでも営業所の位置によっては許可が取れたり取れなかったりすることがあります。このような場合、事前に許可が取れる物件かどうか問い合わせが来ることがあります。その際に思い込みで間違った案内をしないように、慎重に確認することが大事です。「同じビルで許可を取っている店がある」「不動産事業者が大丈夫と言っている」と聞かされることが多いのですが、何のあてにもなりません。

④　許可要件３　営業所の設備

　営業所の設備（内装等）について、「100cmを超える衝立等は設置できない」という話は有名だと思います。そういった設備基準を定めているのが、法４条２項１号です。具体的には、法律施行規則７条で次のように定められています。

◎構造及び設備の技術上の基準

1　客室の床面積は、和風の客室に係るものにあっては１室の床面積を 9.5 平方メートル以上とし、その他のものにあっては１室の床面積を 16.5 平方メートル以上とすること。
　　ただし、客室の数が１室のみである場合は、この限りでない。
2　客室の内部が当該営業所の外部から容易に見通すことができないものであること。
3　客室の内部に見通しを妨げる設備を設けないこと。
4　善良の風俗または清浄な風俗環境を害するおそれのある写真、広告物、装飾その他の設備を設けないこと。
5　客室の出入口に施錠の設備を設けないこと。ただし、営業所外に直接通ずる客室の出入口については、この限りでない。
6　第 30 条に定めるところにより計った営業所内の照度が５ルクス以下とならないように維持されるため必要な構造または設備を有すること。
7　第 32 条に定めるところにより計った騒音または振動の数値が法第 15 条の規定に基づく条例で定める数値に満たないように維持されるため必要な構造または設備を有すること。

◎騒音及び振動の数値

地　域	数　値			
	午前6時〜午前8時	午前8時〜午後6時	午後6時〜翌日午前0時	午前0時〜午前6時
一　第一種低層住居専用地域、第二種低層住居専用地域、田園住居地域及び第一種文教地区	40デシベル	45デシベル	40デシベル	40デシベル
二　第一種中高層住居専用地域、第二種中高層住居専用地域、第一種住居地域、第二種住居地域、準住居地域及び無指定地域(第一種文教地区に該当する部分を除く。)	45デシベル	50デシベル	45デシベル	45デシベル
三　近隣商業地域、商業地域、準工業地域、工業地域及び工業専用地域(第一種文教地区に該当する部分を除く。)	50デシベル	60デシベル	50デシベル	50デシベル

　前ページの基準1の「和風の客室」とは、和風の内装という意味ではありません。料亭のお座敷等を想定しているもので、畳敷きなど床に直接座るような構造が基準になります。

　つまり、ほとんどのキャバクラは1室の床面積が16.5㎡以上でなければなりません（客室が1室のみの場合を除く）。102ページ②で詳述しますが、客室の床面積とは、客が飲食の用に供する部分の床面積を指します。調理場、トイレなどが客室床面積に含まれないのはもちろんのこと、柱や作り付けの棚等も面積に含まれないので注意が必要です。

　以前、柱を含めてぴったり16.5㎡の個室を作ってしまい、内装工事をやり直したお客様がいました。設計段階から関わっていけるな

ら、そういう事故を防ぐのも行政書士の力の見せ所です。

2は、ドア、窓などを通して、外から店内が丸見えにならないようにするという意味です。窓があれば、カーテンやスモークフィルムの設置をします。ガラスの自動ドアは注意が必要で、透明ガラスを活かすのであれば、店内が丸見えにならないように入口近辺に遮蔽物を設置することもあります。

3は、おおむね100㎝を超える衝立等を設置してはいけないという決まりです。背の高い植木、棚なども同様に設置できません。背もたれが100㎝を超える椅子やソファーも、設置する場所によっては見通しを妨げることになるので、注意が必要です。また、天井からカーテン等を吊るして見通しを妨げることもできません。

4は、裸や下着の女性（もしくは男性）の写真等の装飾です。水着も避けたほうが無難です。

5は、個室に鍵を付けたり、入口を二重扉（風除室等）にして内側の扉に鍵を掛けりしてはならないという規定です。

6は、照度と調光の規定です。東京都では、照度を変える装置（調光器）のことをスライダックスといいます（正式名称は「スライダック」ですが、習慣的に「スライダックス」といわれています）。そして、スライダックスが設置されていても、5ルクス超を維持できるのであればよいとされています。ただ、たいていの場合、スライダックスで照度を落としていくと真っ暗になってしまうので、スライダックスを撤去してもらうことが多いです。

照度を測るために照度計を用意するがあるかどうかですが、5ルクス超かどうかを判断するためだけであれば不要です。5ルクスは、ほぼ真っ暗ですので、カウンターやテーブルに置いたメニューが無理なく読める程度の明るさがあれば、十分に5ルクスを上回っているので問題ありません。ただし、照明位置の関係で、一部のテーブルやカウンターの端が暗く沈んでいることもあります。そういう場合は、該当箇所にスタンドライトを設置するなどして対策す

るとよいでしょう。

　7は、東京都の場合、騒音の数値・振動の数値は測りません。他府県の場合、市区町村役場の担当部署が確認・指導することもあります。

（5）営業時間

　風俗営業は、営業できる時間が限られています。社交飲食店の場合、午前6時から午前0時までが営業可能な時間です。0時を過ぎて営業すれば時間外営業となり、警察の取締りの対象になります。頻繁に時間外営業をすれば、営業停止処分もあり得ます。

　東京都の場合、東京都公安委員会規則で定める地域に限り、午前1時まで営業時間を延長することができます（巻末付録参照）。ただし、住居集合地域（住居系の用途地域）からの距離が20m以下であれば、営業時間の延長はできません。

　しかし、これにも例外があり、住居集合地域からの距離が20m以下であっても幹線道路の各側端から外側50メートル以下の地域であれば、午前1時までの延長営業が可能です。なお、幹線道路とは、国道および都道府県道をいいます（次ページ図を参照）。

◎営業時間延長許容地域の例外

1．営業時間延長許容地域であっても、延長ができないケース

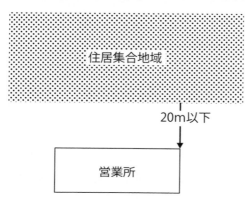

2．1の例外として営業時間を延長できるケース

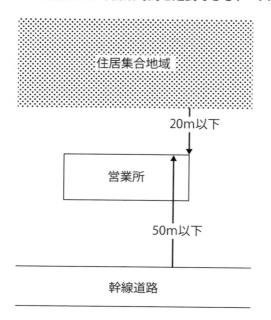

（6）申請先・手数料

①　予約を取る

　風俗営業許可申請は、営業所を管轄する警察署に申請します。決まりがあるわけではありませんが、事前に電話して予約を取ることが望ましいです。書類の確認や支払いに時間がかかるため、警察署の対応が難しい時間帯もあるからです。また、担当者が非番（簡単に言えば休み）や事件で外出中だったら、無駄足になってしまいます。

　予約を取る際には、次の点に注意してください。

・申請者の同行が必要か（誓約書の記載、面談を求めている警察署もあります）、必要な場合は持ち物も確認しておきましょう。

・営業所所在地、営業者氏名、営業所名は電話の際に聞かれることがあるので答えられるようにしておくことが望ましいです。

・申請日当日に確認の電話が必要かどうか（担当者の外出が多い警察署の場合、当日にも電話確認が必要なことがあります）。

②　申請手数料

　申請手数料は、申請当日に納付します。新規許可申請手数料は24,000円です。そのほかの主な手数料は、次ページのとおりです。手数料も時々変更になるので、最新の金額を確認するようにしましょう。

　法人申請も、個人申請も手数料は同額です。表中の「同時申請」とは、同一の申請者が２店舗、３店舗など同時に申請する場合です。

◎風俗営業関連手数料（令和 5 年 4 月現在）

許可申請 ※パチンコ店を除く	24,000 円（3 か月以内の期限の営業の場合、14,000 円。同時申請の場合、2 件目からは 8,600 円減額）
許可証の再交付	1,200 円
許可証の書換え	1,500 円
構造変更承認申請	9,900 円
相続承認申請	9,000 円（同時の申請の場合、2 件目からは 1 件につき 3,800 円）
合併承認申請	12,000 円（同時の申請の場合、2 件目より 1 件につき 3,800 円）
分割承認申請	12,000 円（同時の申請の場合、2 件目より 1 件につき 3,800 円）

　東京都の場合、現金納付だけでなくクレジットカード、Suica などの電子マネー、PayPay などの QR 決済も利用できます。他府県では、収入証紙での納付が多いです。収入証紙は、警察署周辺で購入できることが多いですが、閉庁時間ギリギリの申請だと販売窓口が閉まってしまうことがあるので注意しましょう。

② 風俗営業許可申請の流れ

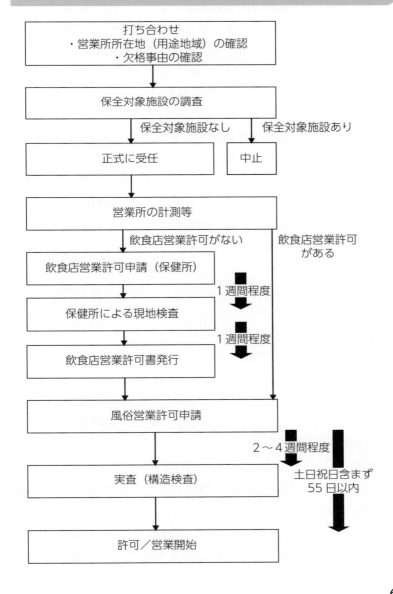

（1）打ち合わせ

　「風俗営業の許可がほしい」「キャバクラの営業をしたい」などの依頼が来たら、打ち合わせをします。

　まずは、営業所が営業禁止の用途地域内にないか、申請者・管理者に欠格事由がないかを真っ先に確認しましょう。この2つに該当していれば、何があっても許可が取れません。問い合わせがあった時点で、営業所の住所を聞いて用途地域を確認しておくとよいです。

　用途地域に問題がなければ、次に欠格事由を確認します。「欠格事由に該当していないか」と聞くことが確認ではありません。欠格事由の内容をわかりやすくかみ砕いて説明しましょう。ここでいい加減な確認をしてしまうと、内装工事が終わり許可申請をした後に取下げになることもあります。そうすればお客様に莫大な損害が発生するので、損害賠償も覚悟しなくてはなりません。丁寧な確認を心掛けてください。

　打ち合わせの際に話すべきことの中で、特に重要な内容は下記のとおりです。当然、お客様からもよく質問される内容でもあるのであらかじめ準備しておきましょう。

①　スケジュール

　「営業できるようになるまではどれくらい時間がかかるのか」ということはお客様の重大関心事項です。風俗営業許可申請は、許可までに長時間かかるので、最初にスケジュール感を共有しておくことが重要です。

　東京都の場合、許可申請から許可までは土日祝日を含まず55日以内が目安とされています。年末年始の休暇やゴールデンウィークなどの時期を除けば、おおむね2か月程度で許可が出ることが多いです（ただし、保証はできかねるので基本は「土日祝日を含まず

55日程度」であることをしっかり説明します）。「許可申請から」なので、飲食店営業許可を取得するところから考えると、おおむね2か月半から3か月程度かかります。

　お客様はとにかく早く許可が欲しいと考えています。そのために我々ができるのは、いち早く許可申請をすることです。申請後の進捗をコントロールすることはできないので、申請までをいかに素早く進められるかが重要なのです。

②　内装の状態

　飲食店営業許可申請も風俗営業許可申請も実地検査があります。検査の際に必要な設備が完成していなければ許可を取得できません。そのため、「どの程度の内装をいつまでに完成させておかなければならないか」という確認が重要です。

　その理由は、内装工事の進捗次第では申請が大幅に遅れるからです。申請が遅れればその分許可も遅れることは言うまでもありません。

　お客様の中には、内装デザイナーが作った図面があれば着工前でも許可申請できると思い込んでいる人もいます。そのため、工事が進まない限りは申請できないというすり合わせができていないと、「なんでいつまでも申請しないんだ！」というクレームにつながります。かといって、見込みでいい加減な申請をすれば最悪の場合申請取下げとなり、再申請するとしても余計な時間がかかってしまいます。

　内装許可要件（62ページ参照）を満たしているかどうかを確認するために、内装のデザイン図面等があれば用意してもらっておくとよいでしょう。実際に施工する内装事業者も打ち合わせに同席してもらえればスムーズに進みやすいです。飲食店営業許可申請のためにはどの程度まで内装が完成していなければならないのか、風俗営業許可申請のためにはどこまで完成していなければならないの

か、以下についてよく説明して進めていきましょう。

i　飲食店営業許可申請の内装

　飲食店営業許可申請の検査は、調理場とトイレ周りおよび更衣室等の確認のみです。客席については完成していなくても構いません。

　また、見込みで申請することができます。つまり、まだ調理場等が完成していなくても、完成予定の平面図を添付すれば申請できます。ただ、検査は調理場等の完成後になるので、いったん申請して内装工事の進捗を待つことになります。

　しかし、申請すると「証明書」が取得できます。証明書があると後の風俗営業許可申請までの時間を短縮できることがあるので、見込みで申請するメリットはあります（詳細は39ページ）。

ii　風俗営業許可申請の内装

　営業ができる状態の内装・音響・照明を図面にして申請書に添付します。そして、構造検査（「実査」といわれます。詳細は165ページ本章6）では、申請書に添付した図面と実際の内装に相違がないか念入りに調査されます。万が一、図面と実際の内装がかけ離れていれば申請取下げになることもあります。

③　費用について

　申請手数料だけでなく、行政書士の報酬や交通費、各種証明書等の実費等についても概算の見積りを提示できるようにしておきましょう。いつまでにいくら支払ってほしいということも明確にすべきです。

　保全対象施設の調査が終わらない限りは、仮の受任になります。調査の結果申請できないとなった場合にかかる費用についてもきちんと説明して、トラブルを防ぎましょう。

④　営業時間について

　社交飲食店の営業時間は午前6時から午前0時までという制限があります。ただ、前述したとおり、営業時間の延長ができる地域もあるので、最大何時まで営業できるのか説明したうえで店の営業時間を決定します。

（2）欠格事由の確認

　申請者、管理者が欠格事由に該当すれば許可は取得できません。打ち合わせでは、具体的にどんな欠格事由があるのかを説明して、該当していないかどうか確認します。

①　個人申請

　申請者本人、管理者が欠格事由に該当していないかどうか確認します。

②　法人申請

　法人代表者、役員全員、管理者が欠格事由に該当していないか確認します。もし、役員に欠格事由該当者がいれば退任してもらうこともあります。

　欠格事由は、破産経験の有無や犯罪歴の確認になるので「お客様相手に聞きにくい」と感じる人も多いでしょう。しかし、ここで確認を怠れば最悪の場合、取下げ・不許可につながります。確かに聞きにくい内容ですが、趣旨をしっかり説明したうえでストレートに聞くのがよいと思います。

　筆者の場合、「逮捕経験はありますか？」「執行猶予中の役員はいませんか？」「これまで許可を取り消されたことはありますか？」「破産したことはありますか？」とズバリ聞いています。許可を取れなければ困るのはお客様自身ですから、このように聞くと身に覚

えがある人は正直に教えてくれます。

　懲役や禁固、罰金刑の経験があれば、「その執行を終わり、又は執行を受けることがなくなった日から起算して5年を経過」すれば申請することができます。執行猶予期間が満了した場合は、欠格事由に該当しなくなります。執行猶予期間が満了してから5年ではないので、注意してください。

　また、外国人の場合は欠格事由に該当しないことに加えて、風俗営業の許可がとれる在留資格（詳しくは52ページ）であることが必要です。在留カードで確認するようにしてください。

（3）事前調査①保全対象施設

　欠格事由等を確認し問題なければ、次は保全対象施設を調査します。保全対象施設が規定距離内にあれば許可は取得できません。調査結果は、営業所の周辺の略図として申請書に添付します。

　営業所が商業地域にある場合、半径50m以内に保全対象施設がなければ申請できるのですが、略図は半径100mまで記載するので100mまで調査が必要です。

①　地図を用意する

　正確な地図を用意する必要があるため、株式会社ゼンリンの住宅地図を利用します。「ゼンリン住宅地図プリントサービス」（必要な場所の住宅地図をコンビニのマルチコピー機で印刷できる）や「ゼンリン住宅地図出力サービス」（必要な場所の住宅地図をインターネットで出力できる）を、調査の際に利用することが多いです。縮尺はスケールで確認してください。

　なお、許可申請書に添付する「営業所を中心とした100m半径略図」（詳しくは110ページを参照）には、1000分の1の縮尺の地図を使用します。株式会社ゼンリンの「ZNET TOWN」は、必要なエリアの住宅地図をインターネットで閲覧・出力ができ、印刷時に

縮尺を1000分の1に設定することもできます。

　地図を出力して申請書に添付する際には、株式会社ゼンリンが複製許諾の証として発行している「複製許諾証」の貼付が必要です。「複製許諾証」は、株式会社ゼンリンもしくは各都道府県行政書士会（扱いがあるかは会にご確認ください）で購入可能です。

◎スケール

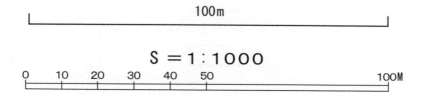

② 営業所から10m、20m、50m、100mの線を書く

　①で用意した地図に、調査すべき範囲を書き入れていきます。「営業所から」というのは、営業所の外壁からを指します。営業所の中心からではありません。

　まず、営業所の外壁から10m、20m、50m、100mの所に三角定規で平行線を引いていきます。営業所が近隣商業地域にあるときは、10mの線は省略しても構いません。

◎ 100m 略図①

——————— 100m

——————— 50m

——————— 20m
——————— 10m

| | | | | 営業所 | | | | | |

———————
———————

———————

———————

　次に、線同士をコンパスでつなぎます。こうすると、営業所の外壁のどの部分からも 10m、20m、50m、100mの所に線を引くことができます。営業所の形に合わせた楕円が出来上りますが、営業所がでこぼこした形だと、それに合わせてでこぼこした楕円になります。

◎ 100m 略図②

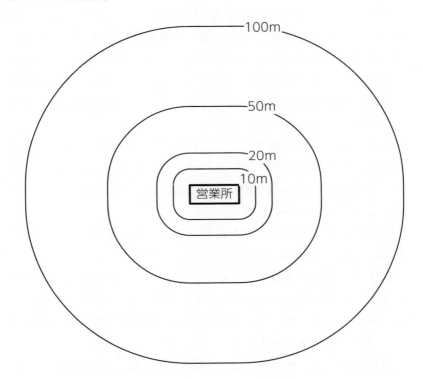

③ 行政情報、インターネットの情報を利用する

　調査は実際に現地を歩いて行います。実際に現地に行く前に、市区町村役場のホームページなどを参照して保全対象施設情報を用意した地図に書き込んでいくと、見落としを防げます。

　i　市区町村役場のホームページ

　児童福祉施設（保育所など）、図書館、小中学校などが確認できます。開園予定の認可保育所も保全対象施設に該当しますが、工事中だと見落とすことがあります。そういう事故を防ぐためにも、市区町村役場のホームページからの情報収集は欠かせません。

ii　保健所

　診療所、クリニックに病床（入院設備）があるかどうかは、外観を見てもわかりません。東京都には東京都医療機関・薬局案内サービスというサイトがありましたが、令和6年4月に全国版の医療情報ネット（ナビイ）に統合されました。ナビイでは全国の診療所等の情報が公開されています。病床の有無も調べることができます。ほとんどの場合はナビイで事足ります。

　もしもナビイに掲載されていない診療所等があれば、その診療所等を管轄する保健所に問い合わせて調べます。多くの場合、窓口に行くと診療所等の一覧を閲覧することができます。

iii　インターネットの情報

　インターネットの情報は玉石混交なので鵜呑みにしてはいけません。ただ、参考になる部分も沢山あります。

　例えば、通信制高校はビルの一室にひっそり入居していることもあり、目立つ看板がないので見落としてしまうことがあります。あらかじめ、ネットで営業所周辺の通信制高校を調べておけば、見落としを防げます。

　通信制高校は、サポート校といって学校扱いにならない教室も多くあります。サポート校かどうかはその学校のホームページ等である程度調べることができます。不明な場合は、学校の事務局に問い合わせたり本校がある都道府県の学事課等に問い合わせたりしなければならないので、本校の所在地・連絡先も把握しておくようにしましょう。そういう情報を探すのにはネットがとても役に立ちます。

　また、大学のサテライト校舎も見落としやすいので、同様に情報収集しておくとよいでしょう。

④　歩いて確認する

用意した地図をもとに、実際に現地を歩いて保全対象施設の有無

を確認します。地図はリアルタイムに更新されていません。歩いてみると、地図にはない建設中の保育所などを発見することも珍しくありません。ですから、必ず自分の足と目で確かめることが大事です。

　建築中の建物があれば、どんな施設になるのか興味を持って確認してください。建設現場の囲いに、スケジュールや入居テナント等概要の表示があるはずです。どんな施設になるのか不明な場合は、市区町村役場の都市計画課等で調べることができます。

　気になること、不安に思ったことはとにかく調べて確認することが大事です。ちょっとした気の緩み、油断が大きな損害につながります。保全対象施設を見逃してしまったら、許可は取得できません。営業所物件を契約し、内装工事や人の採用を進めていたものがすべて無駄になってしまいます。「大丈夫だろう」ではなく「保全対象施設がある」と思って探すくらいの気持ちで調査に臨みましょう。

•••••••••• *Column* ••••••••••

フィリピンパブの隣に認可保育所ができた！

　キャバクラや居酒屋が連なる通りを歩いていると、突如として認可保育所が現れました。両隣は居酒屋やフィリピンパブが入居したビルです。確かに、駅から近いので通勤途中に子供を預けるのは便利かもしれません。しかし、昼間からお酒を飲んでいる人がいるような場所なので、環境が良いとはいえないのではと心配になります。

　さて、この認可保育所によって近隣のビルでは新規の許可が取れなくなりました。このような場合に、法人分割や合併を提案できるととても感謝されます。

（４）事前調査②内装

①　全体を見回して確認する

　営業所の内装が設備基準に違反していないか、あらかじめ確認して、違反があれば工事などで改善します。許可申請後に、構造検査（通称「実査」という。公益財団法人東京防犯協会連合会風俗環境浄化協会（通称「浄化協会」という）、所轄担当者がお店に来て内装設備の確認などをすること）があるので、違反があれば一目瞭然だからです。

　居抜きの場合、前の営業者が違法な設備（例えば100cmを超える衝立など）を、許可後に設置していることがあります。お客様はそういう事情がわからないので「前はこれで許可が取れていたのだから、問題ないのでは？」と考えます。きちんと説明して対処しておきましょう。

②　個室がある場合の注意事項

　VIPルーム等の個室を作る場合は、各客室の面積に注意が必要です。客室が２室以上ある場合は、すべての客室面積がそれぞれ16.5㎡以上必要です。客室床面積は、客の飲食の用に供する部分の面積をいいます（102ページ本章４（３）参照）。柱やバーカウンターの内側（従業員が使用する部分）等は面積に含みません。

　デザインの段階でこのことをしっかりすり合わせしておかないと、内装が完成して実測したら面積が足りないということになりかねません。

　なお、和風の客室は１室の床面積が9.5㎡以上でよいのですが、これは料亭等の６畳間を想定しているといわれています。単に和風の内装にしてあればよいわけではありません。

③ 見通しを妨げる設備

100cmを超える衝立等、客室内の見通しを妨げる設備を設けることはできません。衝立に限らず、棚、植木、水槽なども該当します。また、天井からカーテンやすだれを吊ることも、見通しを妨げることになります。

無色透明なガラス板であれば、見通しを妨げるとはいえないような気もしますが、「紙や布を貼れば見通せない」ということで、衝立同様に高さの制限があります。

居抜き店舗の場合、90cmくらいの衝立の上に継ぎ足しをして100cmを超える設備になっていることが珍しくありません。継ぎ足し部分を撤去する必要があります。

カウンターの高さがしばしば問題になりますが、図のように「客室内の見通し」を妨げない場合は、100cmを超えても問題ありません。

◎「客室内の見通し」の考え方

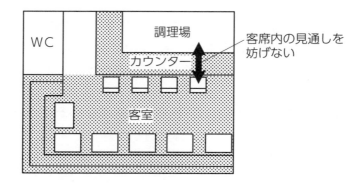

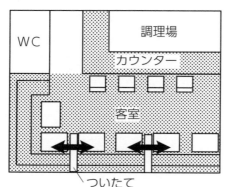

（5）事前調査③照度とスライダックス

①　照度はどこで測定するか

　社交飲食店では、常時５ルクス以下にならないよう照度を維持することが必要です。実査の際に浄化協会調査担当者が照度計で計測します。

　計測場所には決まりがあり、テーブル、カウンター等の食卓があ

ればその上面、テーブル等がない店は椅子の座面で計測します。椅子もなければ床面で計測します。これらのうち最も暗い部分で計測するので、照明が届かず陰になっている部分がないか確認しましょう。スタンドライトを置くなどの対応が必要になります。

②　スライダックス（スライダック）の可否

スライダックスとは、照度を上げ下げできる調光器のことです。照明スイッチ付近に丸いつまみや、上げ下げする小さなレバーが付いていればそれがスライダックスです。

スライダックスで照度を落としていって、5ルクス以下になるようであれば撤去または固定する必要があります。固定とは、完全に動かないようにすることです。簡単に動かせる状態では固定したことになりません。テープで止めてある程度では、撤去または固定して再実査ということもあります。

なお、東京都ではスライダックスを使用しても5ルクス以下にならなければ、スライダックスが設置されていても構わないとされていますが、撤去してしまうのがベストです。

ちなみに、5ルクスは相当暗いです。ろうそくの明かりが10ルクス程度なのでそれよりもっと暗く、メニューの文字が読めないほどの暗さです。照度計がなくても、感覚としてわかるのではないでしょうか。

申請書の添付書類等を準備する

（1）申請書、添付書類等の一覧

●…行政書士が用意する・作成する書類
○…申請者に用意してもらう書類　◎…役所に請求する書類

書　類		備　考
申請書（その1）	●	138〜141ページ参照
申請書（その2A）	●	142〜143ページ参照
営業の方法（その1）	●	144〜147ページ参照
営業の方法（その2A）	●	148〜149ページ参照
メニュー案	○	152〜153ページ参照
営業所周辺の概略図	●	108〜111ページ参照
使用承諾書	●	営業所の所有者に押印してもらう。90〜91ページ参照
建物の全部事項証明書	◎	96ページ参照
物件契約書のコピー	○	必須書類ではないが要求されることが多い。添付が必要かどうかは事前に確認しておく
入居概況一覧図	●	127〜128ページ参照
1階概略図	●	125〜127ページ参照
入居階概略図	●	125〜127ページ参照
平面図	●	112〜115ページ参照
求積一覧	●	128〜131ページ参照
営業所求積図	●	115〜117ページ参照
客室等求積図	●	119〜121ページ参照
音響・照明設備図	●	122〜125ページ参照
定款のコピー	○	法人の場合のみ、「当社現在の定款の写しに相違ない」と末尾に記載する
履歴事項全部証明書	◎	法人の場合のみ。申請時より3か月前以内のもの

書　類		備　考
住民票（申請者、管理者）	◎	本籍を記載。申請時より3か月前以内のもの。法人の場合は全役員分必要
身分証明書（申請者、管理者）	○	外国人は不要。法人の場合は全役員分必要。申請時より3か月前以内のもの
在留カードのコピー	○	裏、表とも必要。外国人の場合に提出
誓約書（個人）	●	156ページ参照
誓約書（法人）	●	全役員の誓約書が必要。157ページ参照
誓約書（管理者イ）	●	158ページ参照
誓約書（管理者ハ）	●	159ページ参照
飲食店営業許可証のコピー	○	すでに飲食店営業許可がある場合はコピーをもらっておく
管理者の顔写真	○	3.0cm×2.4cmのものを2枚（申請時より6か月前以内のもの）
委任状	●	161ページ参照

（2）申請者に用意してもらう書類等

　社交飲食店の許可申請には、申請書の他に、さまざまな添付書類が必要です。また、申請書の作成のためにさまざまな資料も必要になります。申請者に用意してもらうものもありますので、打ち合わせの際に、何をいつまでに用意してもらいたいのかを案内しましょう。

①　メニュー案

　「営業の方法その1」に記載する、飲食物（酒類を除く）の提供、酒類の提供についての資料として用意してもらいます。システム料金（セット料金、チャージ料金、サービス料など）と、個別の飲食代金（ボトル代金、フード代金など）がわかればどんなものでも構いません。営業の方法に書ききれない場合は、別紙としてメニュー案を添付します（このケースが多いです）。

　お客様が用意していなければ、内容をヒアリングして行政書士が作成します。

②　物件契約書（営業所の賃貸借契約書）のコピー

　営業所所在地や物件の所有者を確認するための書類です。所在地等を確認して使用承諾書を作るために必要です。使用承諾書だけでなく物件契約書のコピーも求める警察署もあります。

　転貸（サブリース）の場合、所有者、賃貸人両方に使用承諾書をもらう必要があります。転貸かどうかは、建物の全部事項証明書（の所有者情報）と物件契約書コピー（の契約者情報）を見比べて判断します。

③　定款のコピー（写し）

　法人申請の場合に必要です。申請時現在の定款コピーを提出します。定款の目的に、「飲食店営業」「クラブの経営」「キャバクラの経営」「社交飲食店の経営」など、申請内容に合致した目的が記載されているかを確認してください。

　例えば、社交飲食店の場合、「飲食店営業」「飲食店の経営」など、飲食店を経営することがわかる記載があれば問題ありません。もちろん「社交飲食店の経営」等でも構いません。

　定款の末尾に以下のように書き入れます。または、1枚別紙で作って定款と合綴してもよいです。日付と法人所在地、名称、代表者氏名を記載しますが、押印は不要です。

当社現在定款の写しに相違ありません

令和〇年〇月〇日
　東京都新宿区〇〇町1丁目2番3号
　株式会社〇〇
　代表取締役　〇〇〇〇

---

④　住民票

　申請者・管理者の、申請時より3か月前以内の住民票が必要です。法人申請の場合は、役員全員の住民票が必要です。住民票には本籍を必ず記載するように申請者に説明してください。外国人の場合、本籍はないので国籍、在留資格、在留カードナンバー、在留期限の記載が必要です。

　マイナンバーは記載してはいけません。もし、マイナンバー入りの住民票を受け取ったら、申請する前に数字が見えないように黒塗りをします。

⑤　在留カードのコピー

　申請者、法人の役員、管理者が外国人の場合に提出します。表、裏ともにコピーが必要です。

⑥　管理者の顔写真（3.0㎝×2.4㎝　2枚）

　無背景、無帽、正面から撮影したもので、白黒、カラーどちらでも問題ありません。なお、申請時から6か月前以内のものでなければなりません。

　また、裏面には、管理者の氏名、撮影年月日を記載します。この2つは内閣府令で記載することと定められていますが、筆者は営業所の名称（店名）もあわせて記載しています。

⑦　その他（内装図面等の参考図面など）

　平面図や求積図作成の参考資料があれば提供してもらいます。不動産会社のチラシなど、簡単な間取り図でもあれば参考になります。また、内装会社や建設会社が作成した図面であれば、かなり正確な図面なのでぜひもらっておきましょう。のちに図面を作成する際に助かります。

　ただし、これらの図面は申請書に添付する図面とは違う目的で作られているので、そのまま使うのには適さないことが多いです。細かい変更が反映されていない、面積計算の仕方が風俗営業許可申請で求められるものとは異なるなどあくまで参考です。

（3）使用承諾書

①　使用承諾書

　使用承諾書とは、物件の所有者が営業を承諾したことを証する書面です。物件契約書があるのになぜ必要なのかと疑問に思うかもしれません。物件契約書には、使用目的も記載されていますが、はっきりと風俗営業（の社交飲食店等）と記載されていることはまれです。

　「スナック営業」とはバーのようなものだと思って貸したら、女の子が隣に座ってデュエットするような店がオープンした、というようなトラブル防止のために使用承諾書をもらいます。

　使用承諾書は、行政書士が作成して物件所有者に押印してもらいます。物件所有者に直接渡すのではなく、作成した使用承諾書を申請者に渡し、押印してきてもらうことが多いです。

②　転貸の場合の使用承諾書

　転貸（サブリース）とは、物件所有者から直接借りるのではなく、借りている人からさらに借りることをいいます。いわゆる「又貸し」です。転貸の場合は、物件所有者だけでなく転貸人の使用承諾書も必要です。

　　1．所有者から申請者への使用承諾書
　　2．転貸人から申請者への使用承諾書

　上記2つが原則として必要です。所有者が転貸を承諾していることがわかる契約書等があれば、1は不要になることもありますが、

事前に所轄警察署の担当者に確認するようにしてください。

③　所有者が複数いる場合の使用承諾書

　建物の所有者が複数いる場合、賃貸するには共有持ち分の過半数の賛成が必要です（民法で勉強しましたね）。したがって、過半数の同意を得られる範囲まで使用承諾書を取りつけてくる必要があります。持分は全部事項証明書で確認できます。持分の大きな所有者を選んで使用承諾書をもらうようにするのがコツです。

・・・・・・・・・ *Column* ・・・・・・・・・

余白の話

　筆者はパソコンで書類を作っているのですが、申請書・届出書に代理人事項などを記載していくと、どうしても一枚に収まりきらなくなります。その場合、上下の余白を狭くしてなんとか一枚に収めるのですが、用紙上側の余白は極力狭めないよう注意しています。

　用紙上側の余白には、決裁印を押す欄が作られます。届出担当者→係長→課長…と、決裁者が印を押す欄です。そこを狭めてしまうと決裁印を押すスペースがなくなってしまうので、余白を狭めるとしたら下側を狭めます。

　なお、書類は左側を綴じます。そのため、図面を印刷する際には左側の余白を多めに取るようにしています。左側に余白がないと、綴じたときに見づらいからです。非常に細かいことですが、何かの折に思い出してくれたら嬉しいです。

◎使用承諾書例

使用承諾書

令和　　年　　月　　日

行政　花子　殿

住所　東京都新宿区○○１丁目２番３号
名称　株式会社法令商事
　　　代表取締役　法令　太郎　㊞

私は、下記１の建物等の所有者として、下記２、３及び４の
条件で下記１の建物等をあなたが使用することを承諾します。

		構造	鉄骨鉄筋コンクリート造陸屋根地下１階付７階建
1	建物等	所在地	（住所表示） 東京都新宿区歌舞伎町３丁目４番○号 法令ビル （登記上所在） 東京都新宿区歌舞伎町３丁目２０番地○ （家屋番号） １００番の１
2	使用目的		風俗営業等の規制及び業務の適正化等に関する法律第２条第１項第１号の営業所（社交飲食店）
3	営業所として使用を承諾する建物の部分		②物等の全部　②建物等の一部 ②の場合：その部分　２階の一部（２０１号室）
4	使用を承諾する期間		令和５年１月１日から 平成７年１２月３１日まで

90

申請者宛てとします。

所有者の印鑑です。個人の場合、認印で構いません。
警視庁では、令和2年12月28日以降の申請より、原則として届出・申請について押印は廃止されました。ただし、使用承諾書は第三者の承諾を証する書類なので、押印してもらうことが望ましいです。

賃貸人（転貸）の場合は「賃貸人として」とします。

履歴事項証明書で確認します。

住所は、物件契約書、所在・家屋番号は履歴事項証明書で確認します。

社交飲食店、料理店の別を記載します。

物件契約書で確認します。

（4）市区町村役場等に請求する書類

　市区町村役場等（以下、「役所等」という）から取り寄せる書類が多数あります。遠方の役所等へは郵送で請求するので、時間がかかりそうなものを優先して処理していくようにしましょう。

　なお、令和2年10月から普通郵便到着にかかる日数がこれまでより1〜3日遅くなりました。急ぎの場合は、速達を利用することも考えましょう。

　役所等から取り寄せる書類は、すべて申請時から3か月前以内のものである必要があります。

①　役所等に請求する書類

i　住民票

　申請者自身が取りに行けないときや役員が大勢いて対応に時間がかかるときなどは、行政書士が取得代行してもよいです。職務上請求書が使用できます。職務上請求書がない場合は、委任状が必要です。

　住民票は、申請者・管理者のものが必要です。申請者が法人の場合、役員全員の住民票が必要です。役員とは、株式会社の取締役、監査役（社外監査役は含まない）、合同会社の業務執行社員などです。

［申請先］

　住所のある市区町村役場

［手数料］

　市区町村役場により異なる。200円〜400円程度

［注意事項］

　必ず本籍を記載すること。外国人の場合、国籍、在留資格、在留カードナンバー、在留期限も記載します。いずれもマイナンバーは記載してはいけません。

ii　身分証明書

　本籍のある市区町村役場が発行しています。破産者でないこと、後見の登記の通知を受けていないことなどを証明する書類です。申請者、管理者について提出が必要です。

　申請者が法人の場合、役員全員の身分証明書が必要です。なお、外国人の場合、この書類は必要ありません（日本に本籍がないので、身分証明書がありません）。

［請求先］

　本籍のある市区町村役場

［手数料］

　市区町村役場により異なります。200円〜350円程度

［注意事項］

　本人の委任状が必要です（委任状の例は次ページを参照）。また、請求者（代理人行政書士）の身分証明書（この場合は行政書士証および運転免許証など）のコピーなど、請求時に添付する資料を事前に役所のホームページで確認できます。

　郵送請求の場合は、住民登録地への返送が原則です。行政書士証のコピーだけでなく運転免許証など住所が確認できるもののコピーも必ず同封します。

※　請求書は、役所の窓口またはホームページから取得できます。

◎身分証明書取得委任状例

委任状

　（代理人）
　　住　所
　　氏　名
　　生年月日

私は，上記の者を代理人と定め，次の権限を委任する。

1. 身分証明書1通の申請及び受領に関する一切の件
1. 上記に付帯する一切の件

　（宛先）　　　　　殿

令和　　年　　月　　日

　（委任者）
　　住　所　東京都新宿区○○町1番2－301号

　　氏　名　法令　花子　　　　　　　　　　㊞

　　生年月日　昭和50年1月10日

各市区町村の委任状の記載例を参考にしても構いません。事務所と住所が異なる場合は、併記してほしいなど、市区町村役場ごとに異なる要望があることもあるので、その場合は従ってください。

代理人行政書士の事務所住所、氏名、生年月日を記載します。

必要な通数のみを請求します。

請求先の市区町村を記入します。
例：新宿区長

印は認印で構いません。

依頼者にすべて手書きしてもらうのが望ましいのですが、最低限氏名は自書してもらいます。

iii　建物の全部事項証明書（登記簿謄本）

建物の所有者を確認するための書類です。区分所有の場合、該当する部分の証明書が必要です。

［請求先］

登記所（管轄に関係なく、どこの登記所でも取得できる）

［手数料］

480円（オンライン申請・窓口受取）、500円（オンライン申請・郵送受取）、600円（窓口申請・受取）

［注意事項］

不動産番号または地番がわからないと取得できません。不明な場合は登記所に電話で確認できます。オンライン申請（登記ねっと）を利用すると、手数料が安く、便利です。早ければ請求・手数料納付から中1日で郵送されてくることもあります。急ぎの場合は登記所の窓口に行けば、その場で受け取ることができます。

iv　法人の履歴事項全部証明書（登記簿謄本）

申請者が法人の場合に必要です。現在事項証明書ではなく、履歴事項全部証明書が必要なので間違えないよう注意してください。

［請求先］

登記所（管轄に関係なく、どこの登記所でも取得できます）

［手数料］

480円（オンライン申請・窓口受取）、500円（オンライン申請・郵送受取）、600円（窓口申請・受取）

［注意事項］

不動産の全部事項証明書同様に、オンライン申請（登記ねっと）の利用が便利です。

②　郵送請求の際の手数料

郵送で各種証明書を請求する場合、指定された方法で手数料を支払います。住民票、身分証明書は定額小為替で支払います。お釣り

が出ないように、あらかじめ必要な金額を確認して購入するように
しましょう。定額小為替は、郵便局で購入できます。手数料が1枚
につき200円かかります。

　購入したら裏面は書かずにそのまま送ります。

Column

待ち時間なしで履歴事項全部証明書をゲットする

　履歴事項全部証明書は、登記ねっとを利用して郵送して
もらうのが便利ですが、登記ねっとを使えば窓口でも待ち
時間なしで証明書を取得することもできます。

　受け取り方法を窓口交付に指定して最寄りの法務局を選
択すれば、その法務局の窓口で受け取れます。筆者も、急
ぎのときはこの方法で最寄りの法務局に取りに行きます。
通常、法務局の備え付け用紙で申請して交付されるまでは
10分くらい待ちます。混んでいると、20分以上待つこ
ともあります。でも、あらかじめ登記ねっとで請求・納付
を済ませておけば、窓口に着いたら即交付してもらえま
す。さっと行ってさっと帰れるので、気持ちいいですよ！

④ 図面を作成する

　営業許可申請書には、平面図や求積図など様々な図面を添付します。実査（本章６）では、申請した図面と店舗内装の現況に相違がないかどうか、所轄担当者や浄化協会の調査担当者が図面と内装を見比べながらチェックします。ですから、図面作成にはとても気をつかいます。

　図面は、手書きでも図面作成ソフトを使って書いても構いません。決まった様式があるわけではないので、行政書士ごとに特色がある図面になります。ただ、最低限押さえるべき基本のルールを知らなければ、何度も図面を書き直すことになるでしょう。

　そして、そのルールは法令集などに明文化されているものではないので、調べようと思うと意外と大変です。図面を書くこと自体が他の業務ではあまりないことや、ルールがよくわからないことが「風俗営業業務は難しい」というイメージの原因になっているのではないかと筆者は思います。

　基本ルールは、社交飲食店、特定遊興飲食店、深夜における酒類提供飲食店の申請・届出に共通です。それぞれ特色がある部分は各章で確認してください。ルールがわかれば、あとは慣れていくだけです。気負わず自宅や事務所の図面を書いてみるなど、まずはやってみることをお勧めします。

　最後に、筆者が思う最も大事なポイントは、わかりやすい図面を書くことです。上手な図面、巧みな図面である必要はありません。必要な情報を過不足なく、わかりやすく伝えることが最も大事だと思います。

（1）必要な図面と基本ルール

①　必要な図面類

i　営業所を中心とした100m半径概略図

　…営業所から100m半径内の保全対象施設を地図上に記したもの

ii　平面図

　…営業所の内装等の配置を記した図面

iii　営業所求積図

　…営業所の面積を計算するための図面

iv　客室等求積図

　…客室、調理場およびその他部分の面積を計算するための図面

v　音響・照明設備図

　…音響等の配置を記した図面

vi　建物1階・入居階概略図および入居概況説明図

　…営業所が入居する建物1階と入居階の概略を記した図面、入居し
　ているテナントの一覧図

②　様　式

　決まった様式はありません。平面図、営業所求積図、客室等求積図（以下、（1）内において「平面図等」という）を営業所の大きさに応じて、50分の1や100分の1の縮尺で作成しますが、見やすさを考慮して40分の1や70分の1など縮尺を工夫することもあります。

　A4サイズの用紙に印刷して提出することが原則ですが、図面が大きい場合はA3サイズでも構いません。

③　作成方法

　筆者は平面図等を作成する際に、「Jw_cad」というフリーソフトを利用しています。「Jw_cad」は、操作方法の解説書が多数発売されていて初心者でも使いやすいソフトといわれています。また、使っている行政書士や内装会社も多いので、平面図等をファイルで共有できるという利点もあります。

　手書きでも構いませんが、ソフトを利用したほうが修正や使い回しが容易です。慣れれば手書きよりもずっと作業スピードが速くなります。

④　営業所、客室、調理場の範囲を色分けする

　平面図等には、営業所を青、客室を赤、調理場を緑の線で囲みます。これは風俗営業許可独特のルールです。営業所、客室、調理場の考え方については、次ページ（2）、102ページ（3）を参照してください。

⑤　単位はメートル

　平面図には、椅子やテーブルのサイズを記入します。求積図であれば、面積を計算するために寸法を記入します。いずれも、メートルで記載するのが原則です。

　例えば、10㎝なら「0.1m」と記載します。設計図面と同じようにミリ単位で記載する行政書士もいますが、法定の様式ではないのでミリ単位で記載したら通用しないということはありません。ただ、ミリ単位での記載の場合、求積の計算の桁数が多くなってミスしやすくなったり、申請時の確認に時間がかかることがあります。

⑥　求積は小数点以下第2位まで記載する

　営業所、客室等の求積は、最終的に小数点以下第3位を四捨五入して小数点以下第2位まで記載するのが基本です（メートル単位で

の計算の場合です）。

（2）営業所とはどの部分を指すか

①　基本の考え方

　営業所とは、客室、調理場、その他の部分を含めた店舗全体の範囲のことで、壁や建具に囲まれた占有範囲をいいます。なお、営業所の範囲は、壁に囲まれた内側ではなく壁芯で考えます。壁芯とは、壁の厚さの中心のことです。

　営業所から既定の距離内に保全対象施設があれば、許可は出ません。そのため、どこまでを営業所とするかきちんと理解することが必要です。

②　営業所に含まれる部分、含まれない部分

i　営業所に含まれる部分

　前述の範囲以外に専用の庭、専用駐車場、その店舗のためだけの専用階段などは営業所に含まれます。

　専用庭とは、スナック等の営業所ではあまり見かけませんが料理店（料亭など）にはある場合も多いです。専用階段とは、例えば営業所自体は地下1階で、地上1階部分に地下店舗への入口ドアがあり、階段で下りていくような場合の階段をいいます。

ii　営業所に含まれない部分

　客や従業員ではない第三者が容易に利用できる部分は含まれません。簡単に言えば、共有部分は含まれないということです。エレベーターホール、共用階段、非常階段などです。

　また、バルコニーとパイプスペース（通称「PS」という、ビルの共用管理施設）も営業所には含みません。バルコニーは間違えやすいので注意しましょう。

（3）客室とはどの部分を指すか

①　基本的な考え方

　客室とは、客が飲食や遊興のために使用する部分のことを指します。従業員のみが使用する部分は含みません。例えば、カウンターは客が使用するので客室に含みますが、カウンターの内部（お酒などを提供するためのスペース）は、従業員が使用するスペースなので客室には含みません。また、トイレは客が使用する場所ですが、飲食のために使用するわけではないので客室には含みません。

②　客室に含まれる部分、含まれない部分

i　客室に含まれる部分

　前述のように、基本的に客が飲食や遊興のために使用する部分は客室に含まれます（次ページ図の網かけ部分）。椅子・テーブル、ソファー（簡単に言えば客席部分)、カウンター、ボトル棚、衝立、飾棚などです。カラオケステージは、客のためのステージであれば客室に含まれますが、もっぱら従業員がショーをするためのステージであれば客室には含まれません。

　客室が1室の場合はあまり問題になりませんが、2室以上の場合は各客室が16.5㎡以上なければならないので、特に客室に含まれない（含めて計算してはいけない）部分には注意しましょう。

ii　客室に含まれない部分

　ショーステージ、壁の一部をくり抜いた装飾スペースなど客が使用できない部分は基本的に含まれないと考えておきましょう。

　また、床から天井まで届くような設備（作り付けの棚など）は客室面積に含まれません（104ページ参照）。

　柱は客室には含まれません。そのため、2室以上の場合、柱込みで16.5㎡という設計をしてしまわないように注意が必要です。

◎客室の範囲

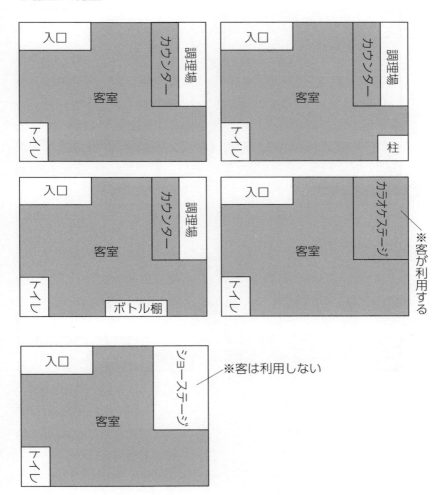

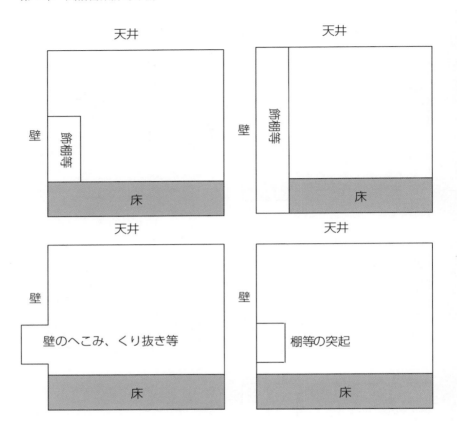

Column

客室の範囲と客室面積の違い

　東京都の場合、客室内の衝立や飾棚は客室面積に含まれます。しかし、埼玉県では、衝立、飾棚のうち固定されているものは、「客室には含むが客室面積からは控除する」という扱いになっています。客室の範囲の考え方は同じですが、求積の考え方が異なるのです。だから、同じ内装でも、東京都と埼玉県では面積の計算上差が出ることになります。

　ところ変わればということで事前に確認しておかないと、大幅に図面・書類の手直しが必要になります。筆者の経験上、求積と見通しには都道府県ごとの特色があります。初めて申請する都道府県では、「そちらで申請するのが初めてなので」と、教えを乞うとよいと思います。

（4）調理場とはどの部分を指すか

①　基本の考え方

　調理場とは、調理の用に供するスペースのことです。客室やその他の部分と区画され、調理設備を備えた部分が調理場です。

　飲食店営業許可と風俗営業許可では、調理場の考え方が一部異なります。飲食店営業許可においては、カウンターは飲食物を提供するため調理場の一部であると考えますが、風俗営業許可では、カウンターは原則として客室に含みます（客が飲食するからです）。

②　調理場に含まれる部分、含まれない部分

i　含まれる部分

　シンクや冷蔵設備等を備えた部分で、客室その他から区画された部分は調理場に含まれます。22 ページの図でいうと、カウンターとスウィングドアで区画された部分が調理場です。

　小規模な店舗の場合、この図のように調理室を設けずカウンター内が調理場というケースが多いです。

ii　含まれない部分

　客が飲食するカウンターは客室に含まれるため、調理場には含まれません。

　また、カウンターの内側にシンクやコールドテーブルなどがなく単に飲み物などを提供するだけであれば、その部分は調理場ではなく「その他」の部分となります。

◎調理場とその他の部分

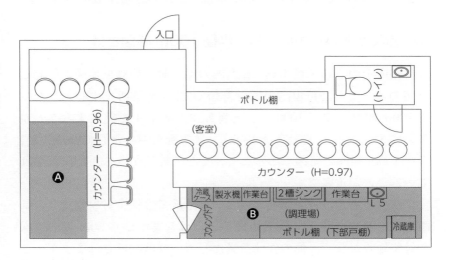

【解　説】

・Ⓐの部分

　調理設備がないので調理場ではありません。従業員が立って飲食物を提供するスペースなので客室でもなく、「その他」の範囲となります。

・Ⓑの部分

　調理設備があるので「調理場」となります。

（5）営業所周辺を中心とした半径100m略図作成のポイント

①　営業所周辺を中心とした半径100m略図とは

　営業所を中心に半径100m範囲内の保全対象施設を地図上に記した図のことで、許可申請の添付書類です。「営業所を中心とした半径100m略図（1／1000m）」と書類にタイトルを記載することが多いです（以下、「略図」という）。営業所を中心としていること、半径100m範囲の略図であること、そして縮尺がきちんと記載されていることが重要です。

　東京都の場合、近隣商業地域と商業地域では保全対象施設との制限距離が異なります。商業地域の場合は営業所から50m以内に保全対象施設がなく、他の要件を満たしていれば許可されますが、この場合でも半径100m範囲までの略図の作成が必要です。以下、略図の作り方は74ページ本章2（3）も参照しながら読み進めてください。

②　略図の作成手順

i　正確な地図を用意する

　地図は株式会社ゼンリンの住宅地図（74ページ参照）を利用します。

　なお、購入したゼンリン地図を申請に用いる際には、株式会社ゼンリンが複製許諾の証として発行している「複製許諾証」の貼付が必要です。「複製許諾証」は、株式会社ゼンリンもしくは都道府県行政書士会で購入できます（扱いがあるかは各行政書士会にお問い合わせください）。

ii　営業所から10m、20m、50m、100mの線を引く

　営業所から100mとは、営業所の中心から100mではありません。営業所の各壁・建具などから100mという意味です。

　まず、76 ページを参考に 100m の線を引いてみましょう。100m の線が引けたら、50m、20m、10m の線も同様に引きます。

　線が引けたら、営業所のどの壁からも 100m、50m、20m、10m の位置に線が引けているかを確認してください。L 字や凹凸の多い形の営業所の場合も、できる限り正確に作成するよう気を付けます。

iii　用途地域ごとに色分けする

　営業所から 100m までの範囲について用途地域を調べ、用途地域ごとに略図を色分けします。用途地域を調べるには、市区町村役場の都市計画課で用途地域図を閲覧します。多くの市区町村役場ではインターネットでも用途地域図を公開しているので、それを利用してもよいでしょう。ただし、用途地域境など境界がはっきりしない部分は、やはり都市計画課で確認するのがおすすめです。

　色分けの色にルールはありませんが、用途地域図を参考に色分けする人が多いようです。商業地域は濃いピンク、近隣商業地域は薄いピンク、住居系の用途地域は水色や緑色という感じです。印刷したときにわかりやすい色を使うとよいと思います。

　どの色がどの用途地域を示すか、凡例を忘れずに付けましょう。

iv　保全対象施設の場所を記す

　本章 2（3）で調査した、保全対象施設の場所を地図上に記します。図のように、地図上に〇数字で保全対象施設の場所を示します。施設の詳細は一覧を作成して地図の横に記載します。保全対象施設の詳細には、施設の名称、住所のほか、営業所からの距離、入院設備（病床）の有無を記載します。

　次ページの例は、施設の詳細一覧と略図をＡ３サイズ１枚にまとめていますが、法定の様式ではないので、略図と施設の詳細一覧を別紙で提出しても問題ありません。

◎営業所を中心とした 100m 半径略図

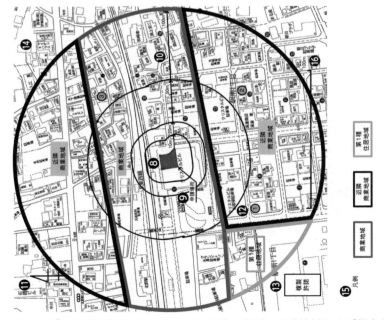

営業所を中心とする100m半径略図 1/1000 m❷		
❶ 営業所所在地	東京都新宿区歌舞伎町2丁目○番×号	
❸ 用途地域	大人ビル5階B室（特定地域）❹	
営業所名称	CLUB パレード	
営業所の種別	法第2条第1項第1号（社交飲食店）	

< 保全施設等 >

❺ 保全対象施設			
距離	施設名	住所	入院設備
❾ 70m	歌舞伎町図書館	歌舞伎町1－●●●	―

❻ 保全対象外施設			
距離	施設名	住所	入院設備
❿ 74m	ネオンクリニック	新宿区歌舞伎町1－●－×	無❼
⓫ 67m	歌舞伎町歯科	新宿区歌舞伎町1－×－●●	無

※ 例はサンプル地図を使用しているため、実際の住所、用途地域および保全対象施設例の住所とは異なります。

【解　説】

❶　タイトルは「営業所を中心とする 100m 半径略図」とします。

※　決まりはないので、必要情報が含まれていれば他の表現でも構いません。

❷　縮尺を記載します。

❸　用途地域を記載します。

❹　特定地域（60 ページ）の場合は、「特定地域」と記載します。

❺❻　保全対象施設と対象外施設に分けて記載します。それぞれ、なければ「なし」と記載します。

❼　入院設備（病床）の有無、ある場合は数を記載します。

❽　申請場所はわかりやすいよう赤で塗りつぶします。

❾　「申請場所」「申請店舗」など記載します。

❿　10m、20m、50m、100m のラインにそれぞれ距離を記載します。

⓫　北を示す方位マークを記載します。

⓬　保全対象施設、保全対象外施設（クリニック等）の場所に番号を記載します。地図上の番号と左側の詳細一覧の数字が一致します。

⓭　株式会社ゼンリンの「複製許諾証」を貼ります。

⓮　用途地域ごとに色分けします。塗りつぶしてもよいし、アウトラインだけ色分けしても構いません。

※　この図は実際の用途地域とは異なります。

⓯　凡例を付けます。

⓰　スケールを表示します。1 ／ 1000m なので、10㎝が 100m に該当するはずです。

（6）平面図作成のポイント

①　平面図とは

　平面図とは、営業所全体の内装等の概略を表した図面です。家でいえば、間取り図のようなものです。風営法では、いったん許可を受けた内装を変更することは自由にはできません。客室の面積を変更するような模様替えの場合は事前の申請が、軽微な変更であれば事後の届出が必要になります。どちらも平面図を提出して審査や確認があるので、平面図はとても重要な書類です。

　実査の際に、平面図と実際の内装が一致しているかをチェックされます。椅子やテーブルの数はもちろん、設置場所も正確に図面に記載しましょう。そのためには、内装が完成していないと正確な図面が作れません。依頼者にはその旨説明し、しっかりと準備してもらうことが重要です。申請から許可まで時間があるので、「これから徐々にテーブルなどを入れていこうと思うのですが」と考える依頼者も多いのですが、差し替えることを前提に仮図面で申請することはできません。

②　平面図作成のポイント

i　必要なものを簡潔に記載する

　平面図に必要な事項を簡潔に記載するよう心掛けます。複雑な図面を書くことは、専門的な仕事をしている気分になれます。しかし、図面が見づらいと申請時のチェックにも時間がかかるうえ、実査も時間がかかるので良いことはありません。

　平面図には、おおむね次のものを記載します。音響・照明設備を除いた家具類やカウンター、柱などの部屋を構成する構造物を書き、必要な情報をさらに書き込んでいくと考えればよいと思います。

① 柱などの構造物

② 家具（椅子やテーブル等）の配置、仕様（サイズ等）、数

③ カウンターや飾棚、衝立などの配置および高さ

④ 入口の表示

⑤ 客室、調理場、トイレ等の表示

⑥ 家具の凡例（サイズ、数等をまとめる）

⑦ 「18歳未満立入禁止」の表示位置

　※　入口に表示することが法定されています

⑧ 「20歳未満の客への酒類提供禁止」の表示位置

⑨ 客室に寸法を2か所

　※　大まかな面積を把握するため、記入しておくことが望ましいです。

⑩ 縮尺（メートルで縮尺を記入）

　その他、営業所の実情に合わせて必要な事項を記入してください。例えば、客室が2室以上あるときは、「客室①」「客室②」「客室A」「客室B」などと、区別するための記載が必要です。

ii　営業所、客室、調理場を色分けする

　どの部分が客室でどの部分が調理場であるかは、行政書士が判断しますので、その判断に基づいて営業所、客室、調理場を色分けします。

　営業所の範囲を青、客室の範囲を赤、調理場の範囲を緑の線で囲みます。いずれにも含まれない部分は「その他」となります。その他を色分けする必要はありません。

iii　求積図、音響・照明設備図の基礎になる

　平面図は、求積図、音響・照明設備図の基礎になる図面です。平面図から余分な要素を省いて寸法を記載したものが求積図、同様に音響・照明を記載したものが音響・照明設備図になります。そのため、平面図が間違っていると、他の書類も修正しなければならなくなります。その点を意識して、正確に作成することを心掛けてください。

◎平面図例

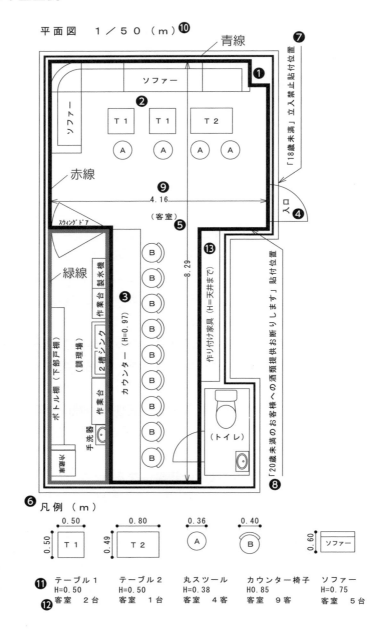

平面図　1／50（m）❿　　　　青線　　　　❼

❶　ソファー
❷　T1　T1　T2
　　A　A　A　A
ソファー　ソファー

赤線

❾　4.16
（客室）❺

「18歳未満」立入禁止貼付位置

入口　❹

スウィングドア
緑線

製氷機
作業台
2槽シンク
作業台
（調理場）
ボトル棚（下部戸棚）
手洗器
冷蔵庫
カウンター（H=0.97）❸

B B B B B B B B B

❽

8.29　❺

❸

作り付け家具（H＝天井まで）　❸

「20歳未満のお客様への酒類提供お断りします」貼付位置

（トイレ）

❻　凡例（m）

	0.50		0.80		0.36		0.40			0.60	

0.50　T1　　0.49　T2　　A　　B　　0.60　ソファー

❶❶　テーブル1　テーブル2　丸スツール　カウンター椅子　ソファー
　　H=0.50　　H=0.50　　H=0.38　　H0.85　　H=0.75
❶❷　客室　2台　客室　1台　客室　4客　客室　9客　客室　5台

【解　説】

❶　柱は客室に含めません。

❷　家具の配置を記載します。

❸　カウンターの高さを記載します。

❹　入口の位置を明記します。

❺　客室、調理場等を明記します。

❻　家具等の詳細（サイズ、高さ、設置場所と数）を記載します。

❼　入口に表示することが法定されています。

❽　20歳未満の者の飲酒を防止する措置が求められるため、張り紙やプレートを貼るなどで対応します。

❾　2か所、客室の寸法を記載します。縦、横でもっとも大きい部分の寸法を記載するのが原則です。

❿　図面のタイトルと縮尺を明記します。

⓫　椅子やテーブルであっても100cmを超えるものは見通しを妨げる設備になることもあるので高さの記載は重要です。

⓬　設置場所と数を記載します。例えば、客室内に設置なら「客室」、その他の部分なら「その他」とします。

⓭　壁のくり抜き部分や天井まである作り付けの家具等は客室に含めません（その他の部分になります）。

（7）営業所求積図作成のポイント

①　営業所求積図とは

　営業所求積図は、営業所全体の面積を表す図面です。どの部分までが営業所であるかは101ページ（2）②で確認しましょう。

②　営業所求積図作成のポイント

i　壁芯から測る

　営業所求積図の寸法は、壁芯から測ります。壁芯とは、壁の真

ん中のことです。窓やドアなどの建具部分の壁の厚さを測り、それを半分にしたものが壁芯の位置になります。もし現場で壁芯を測ることができない場合、壁の厚みを20cmとし、その半分である10cmのところを壁芯であるとして計算することも可能です（東京都の場合。都道府県ごとに扱いが異なります）。

　面積を計算するため、図のように営業所を適宜青の点線で区画します。決まりがあるわけではありませんが、筆者は営業所の範囲を青の実線で囲うので区画は青の点線にしています。客室等求積図についても、同様に区画して面積を計算します。

ii　寸法の記載方法

　寸法は、どこからどこまでの寸法であるかがはっきりわかれば、どのような記載方法でも構いません。該当部分を矢印の線で表したり、引き出し線で示したり、人それぞれです。見やすくわかりやすい記載を心掛けてください。なお、寸法はメートル単位で記載します。

iii　面積の計算式

　面積を計算するための計算式も記載が必要です。ただ、図面には記載せず、別紙「求積一覧表」（130ページ参照）として申請書に添付することもできます。

　図面に計算式を記載すると、修正手続が煩雑になることがあります。また、用紙サイズは限られているので余白が足りなくなることも少なくありません。そのため、筆者は別紙としてエクセルで作成した求積一覧表を作成し提出しています。どちらでも効率のよいほうを選べばよいでしょう。

◎営業所求積図例

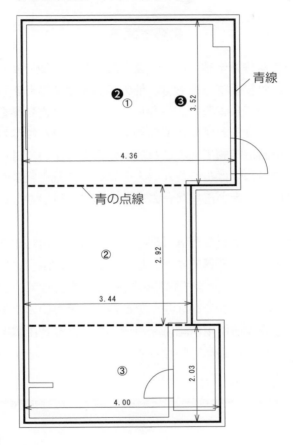

営業所求積図　1／50（m）❶

青線

❷①　　❸ 3.52

4.36

青の点線

② 2.92

3.44

③ 2.03

4.00

【解　説】

❶　図面のタイトルと縮尺を明記します。

❷　求積の区画ごとに番号を記載します。営業所の範囲を表す青線
　に合わせて青字で記載するとわかりやすいですが、色は任意です
　※　130ページの「求積一覧」の番号と一致します。

❸　壁芯から測ります。このように矢印を書き入れるとどの範囲の
　寸法かわかりやすいでしょう。

Column

書類で語る

　風俗営業許可申請には、実査があるのが特徴です。現場であれこれ説明する機会は、他の申請業務ではあまりないのではないでしょうか。しかし、基本的には書類審査なので、言うべきことはすべて書類に記入しなければなりません。申請時に口頭であれこれ説明が必要なようではいけません。申請書類はたくさんの人の確認、決裁を経ます。そのたびに担当者が伝言ゲームをするわけにはいかないのです。

　また、補足情報などは「理由書」として添付します（書類のタイトルは任意ですが、たいていは「理由書」になります）。例えば、営業所物件の所有者が死亡して、いまだに相続登記がされていなかったときに、そういった事情と相続人全員から使用承諾書をもらったことを理由書として提出しました。簡潔でわかりやすい書類が作れるよう日々鍛錬です。

（8）客室等求積図作成のポイント

①　客室等求積図とは

　客室等求積図とは、客室と調理場の面積を記した図面です。客室だけでなく調理場も含むので「等」が付きます。客室の求積と調理場の求積を1枚にまとめるのが適当でなければ、それぞれ別の求積図として作成してもかまいません。その場合、「客室求積図」「調理場求積図」と、特定できるタイトルを付けます。

　寸法の記載方法等は、営業所求積図と同様です。

②　客室等求積図作成のポイント

ⅰ　内壁から測る

　客室、調理場の面積は内壁から内壁までを測ります。壁芯とは違って実際に測れる部分なので、実査でも「どの部分を測ったのか」ということと、その寸法が正しいかを確認されます。図面上だけでなく、実際の現場でもどこからどこまでの計測をもとに求積したのかを説明できるようにしておきましょう。

ⅱ　柱は面積に入れない

　前述のとおり、客室等求積図では、柱（および床から天井まで一面の作り付け家具等）は客室面積に含めません。客室の求積図は、客が実際に飲食や遊興のために使う部分の面積を表したものだからです。

　その他、ステージも求積に含めないことがあります。ステージを使用するのがもっぱら従業員である（ショーを見せるなど）場合は客室には含めません。客がカラオケステージとして使用する場合は、客室に含めて考えます。

◎客室等求積図例

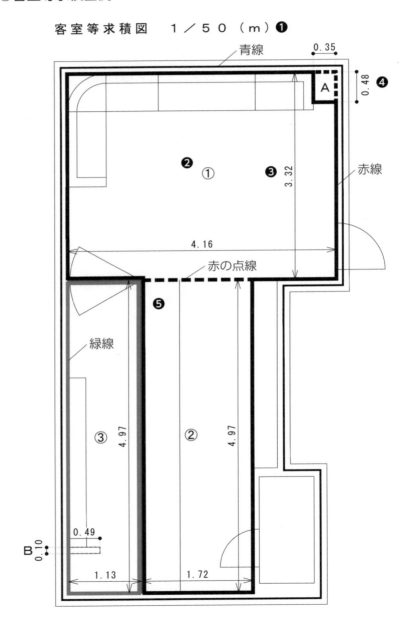

客室等求積図　１／５０（ｍ）❶

【解　説】

❶　図面のタイトルと縮尺を明記します。

❷　求積の区画ごとに番号を記載します。客室の範囲を表す赤線（調理場の場合は緑線）に合わせて、赤字・緑字で記載するとわかりやすいですが、色は任意です。

※　130ページの「求積一覧」の番号と一致します。

❸　内壁から測ります。このように矢印を書き入れるとどの範囲の寸法かわかりやすいでしょう。

❹　控除する部分があれば、区別しやすいように「Ａ」「Ｂ」等とするとよいですが、任意です。

❺　カウンターや固定の家具（ソファーなど）を図面に記載しておくと、どの部分を計測したのかわかりやすいです。

（9）音響・照明設備図作成のポイント

①　音響・照明設備図とは

　音響・照明図設備図とは、営業所内の照明設備と音響設備の位置、種類、数などを記した図面です。照明には、次ページの図のように設置位置や目的によって様々な種類があります。実査の際に、照明設備と音響設備についても図面と現況が一致しているか確認されます。

②　音響・照明設備図作成のポイント

ⅰ　営業中に使用する音響・照明設備について作成する

　営業所の中には、営業中には使用しない音響・照明設備（特に照明設備）があります。例えば、開店準備や閉店作業中にだけ使用する作業明かりなどです。

　音響・照明設備図に記すべきものは、営業中に使用するもののみです。したがって、設置されていても営業中に使用しないものは記載しません。

ⅱ　音響・照明設備一覧を作成する

　図面に照明設備等の位置を表すだけでなく、照明設備等の種類や数の一覧も余白に記入します。客室、調理場、その他（客室でも調理場でもない部分すべて）に分けて個数を記入し、合計数も記載します。

　何を書くべきかを迷ったら、申請書の備考欄にヒントがあります。例えば、照明設備の場合、「照明設備の種類、仕様、基数、設置位置等を記載すること」とあり、音響設備についても「音響設備の種類、仕様、基数、設置位置等を記載すること」とあります。

　照明を例に考えてみると、

　　・種類→ダウンライト、ブラケット等の別

・仕様→電球の種類、ワット数

・基数→個数

・設置位置→照明が設置されている位置を図面に記載

となります。

◎照明の種類例

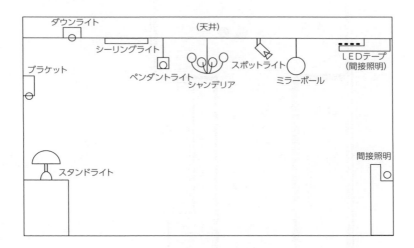

◎音響・照明設備図

❶ 音響・照明設備図

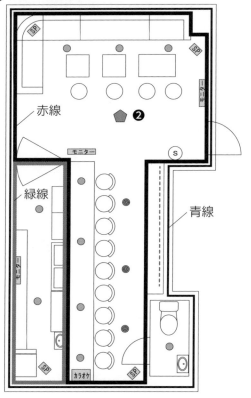

❸ 音響・照明設備一覧

記号	種類 **❹**	W数 **❺**	客室	調理場	その他	総計 **❻**
●	ダウンライト	白熱球60W	7	2	1	10
◎	ペンダントライト	白熱球60W	3	—	—	3
Ⓢ	スタンドライト	LED電球 40W相当	1	—	—	1
⬠	シャンデリア	LED電球 20W相当3灯	1	—	—	1
- - - - -	ボトル棚 間接照明	LEDテープ	—	—	一式	一式
SP	スピーカー	最大出力60W	3	1	—	4
モニター	TVモニター	32インチ 壁掛け、天吊り	2	1	—	3
カラオケ	カラオケ		1	—	—	1

【解　説】

❶　図面のタイトルを明記します。

❷　照明の種類ごと（ダウンライト、ペンダントライト等）に設置場所に記号を記載します。

❸　音響・照明設備の一覧表を作ります。記号は、図中の記号と一致させます。

❹　設備の種類を記載します。

❺　設備の仕様（ワット数や大きさ）を記載します。

❻　客室、調理場、その他ごとに設備の数を記載し最後に合計を記載します。

(10)　1階概略図・入居階概略図作成のポイント

①　1階概略図・入居階概略図とは

　1階概略図とは、営業所が入居する建物の1階部分の簡単な見取り図です。正確に計測して図面にする必要はありません。ビルの入り口、エレベーターや階段の位置、入居しているテナントの配置がわかる程度のもので問題ありません。

　実査で初めて営業所に来る担当者が、迷わず営業所に辿り着けるようイメージして書くとよいと思います。

　入居階概略図とは、営業所が入居している階の簡単な見取り図です。書く内容は1階概略図と同様です。

②　1階概略図・入居階概略図作成のポイント

　申請店舗部分を赤で囲み、営業所の名称と申請店舗である旨を記載します。各テナントについても名称を記載しますが、調べてもわからない場合は「不詳」と記載してかまいません。

◎1階概略図・入居階概略図例

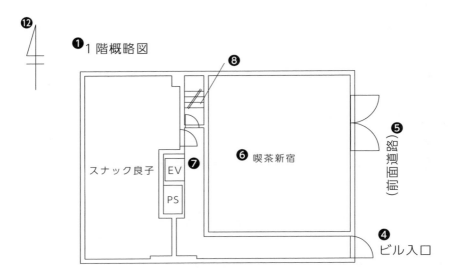

❶1階概略図

スナック良子

EV

PS

喫茶新宿

（前面道路）

ビル入口

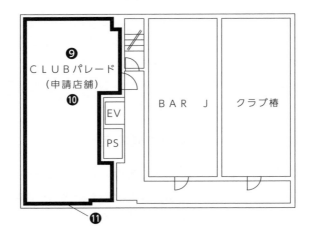

❷入居階（5階）概略図 ❸

CLUBパレード
（申請店舗）

EV

PS

BAR J

クラブ椿

【解　説】

❶❷　図面のタイトルを記載します。

❸　入居階の階数を明記します。

❹　建物入り口を明記します。

❺　接している道路を「前面道路」等記載します。「○○通り」という書き方でも構いません。

❻　入居しているテナントの名称を記載します。不明な場合は「不詳」、空室であれば「空室」とします。

❼❽　エレベーターや階段の場所を記載します。

❾　申請店舗の名称を明記します。

❿　わかりやすいように、「申請店舗」と記載します。

⓫　申請店舗部分を赤で囲みます。

⓬　北を表す方位マークを付けます。

(11)　入居概況一覧図作成のポイント

①　入居概況一覧図とは

　入居概況一覧図とは、営業所が入居している建物のテナント等の一覧のことです。「図」とありますが、一覧表のようなイメージです。書類名に決まりはないので「テナント一覧」や「入居状況一覧図」等でも構いません。

②　入居概況一覧図作成のポイント

　集合看板などで店舗名を確認して作ります。入居階ごとに、建物の構造と同じように図の上から下に階が下っていくように作ると、全体のイメージがしやすいでしょう。申請店舗部分は赤で囲い、「申請店舗」と記載します。

　筆者のやり方ですが、小規模なビルの場合、１階概略図・入居階概略図の余白に入居概況一覧図を書いて提出することもあります。

特に決まりはありませんので、わかりやすいほうを選べばよいと思います。

◎入居概況一覧図

	A 室	B 室	C 室
5 階	クラブ椿	CLUB パレード（申請店舗）	ＢＡＲ　Ｊ
4 階	スナックあざみ	カラオケスナック海	Ｌｏｕｎｇｅ　純
3 階	（空室）	ｃｌｕｂ零	管理室
2 階	クラブなかよし	クラブ夢	（不詳）
1 階	喫茶新宿	スナック良子	

（12）求積一覧作成のポイント

①　求積一覧とは

　求積一覧とは、営業所、客室、調理場、その他の面積計算式とその結果を一覧にしたものです。筆者はエクセルで作成した一覧を申請書に添付しますが、各求積図に記載する方法もあります。どちらでも構いませんが、別紙一覧のほうが修正の手間が軽いと思います。

　求積一覧も法定の様式はないので、作る人によって形式は様々です。図を参考にどう書けば簡潔にわかりやすくできるか考えてみてください。

②　求積一覧の作成ポイント

ⅰ　単位はメートル

　面積を計算する際は、メートル単位で小数点以下第 2 位までの寸法を掛け合わせ、最終面積は小数点以下第 3 位を四捨五入するのが原則です。なぜ切り捨てではなく四捨五入なのか、理由ははっきりしませんが慣例に従うのが無難です。

計算結果だけでなく、計算式もきちんと記載してください。

ii　客室が複数あるときは？

各客室の床面積とそれらを合計した客室の総床面積の両方を計算して記載する必要があります（申請書に各客室の面積と客室の総床面積を記載しなければなりません）。

客室が2室以上の時は各客室の床面積が16.5㎡（和風のものは9.5㎡）以上なければならないので、求積一覧上でも忘れず確認するようにしてください。

iii　「その他」部分の面積

その他部分は、営業所面積から客室面積と調理場面積を引いたものになります。その他部分を細かく計測して、計算する必要はありません。

◎求積一覧例

❶求積一覧　小数点以下3位を四捨五入❷　　　　青で囲む　　　（m）❸

❹I | 営業所 | ❺（①〜③合計） | 33．51㎡ ❼

	①	4.36	×	3.52	=	15.3472
	②	3.44	×	2.92	=	10.0448
	③	4.00	×	2.03	=	8.1200
						33.5120 ❻

赤で囲む

II | 客室 | （①〜②合計）−A ❽ | 22．19㎡ ⓫

	①	4.16	×	3.32	=	13.8112
	②	1.72	×	4.97	=	8.5484
小計						22.3596 ❾
❽ 控除
	A	0.35	×	0.48	=	0.1680
合計						22.1916

緑で囲む

III | 調理場 | ③−B | 5．57㎡

	③	1.13	×	4.97	=	5.6161
控除						
	B	0.49	×	0.10	=	0.0490
合計						5.5671

IV その他　営業所−客室−調理場 ❿　　　　　　　　　　5．75㎡
　　　33.51−22.19−5.57　　　　　　　　　　＝　　　5.7500

【解　説】

❶　書類のタイトルを明記します。

❷　最終面積の算出方法を記載します。

❸　単位を記載します。

❹　営業所、客室、調理場、その他に分けて計算式と計算結果を記載していきます。

　※　平面図等の色分けと同様に、営業所を青、客室を赤、調理場を緑で囲みますが、任意です。

❺　営業所面積とはどの部分の合計を示すのかを明記しています。

　※　番号は(7)の図内の番号と一致します。

❻　小数点以下第4位まで記載します。

❼　最終面積は小数点以下第3位を四捨五入します。

❽　控除する部分（柱等）は、控除部分だとはっきりわかるように記載します。

❾　小計を記載しておくとわかりやすいです。

❿　その他の面積は、営業所、客室、調理場の最終面積から計算します。

⓫　客室が複数あるときの客室総床面積は、この最終面積を合計して計算します。

**風俗営業許可申請書の
作成から申請まで**

（1）申請書類・添付書類

　申請書の作成は、図面類の作成と並行して行います。身分証明書や履歴事項全部証明書等を郵送で請求すると、手元に届くまでに1週間程度かかります。その間を利用して、申請書類の作成を進めるとよいでしょう。

　提出書類が多いので、84ページの一覧を参考に自身が使いやすいチェックリストを作ると漏れや忘れを防ぐことができます。

（2）基本のルール

①　サイズはA4判で統一する

　申請書の他、作成する書類のサイズはA4判です。申請書等（法定様式）の備考にも「用紙の大きさは…A4とする」と指定があります。添付書類もA4サイズに統一することが原則です。賃貸借契約書はB5サイズで作られていることも多いのですが、A4の用紙にコピーして添付します。

　ただし、図面については無理にA4サイズに縮小する必要はなく、A3サイズでも構いません。

②　押印廃止

　令和2年12月28日以降に受理される届出・申請について、原則として押印が不要になりました。ただし、一部押印することが望ましい、もしくは押印がなければ署名してほしいという書類もあります。

［押印することが望ましい書類］

・使用承諾書　※　申請者ではなく、第三者の証明書のため

・誓約書　※　記名だけでは、本当に申請者や管理者が誓約したのかわからないため

・委任状

［押印がない場合、署名することが望ましい書類］

・誓約書　理由は上記と同じです

　筆者は、使用承諾書には所有者の押印をもらい、誓約書については署名・捺印してもらうようにしています。これらが「できない」ことは想定できませんが、役員が大勢いて準備に時間がかかるなどの事情がある場合は、事前に所轄警察署に相談のうえ、押印しないという判断もあると思います。

　なお、行政書士は作成した書類に記名・押印しなければならないので（行政書士法施行規則9条2項）、職印の押印はこれまで同様必要です。

③　修正液や修正テープは使用しない

　申請書等の記載に誤りがあれば、二重線で消してそばに正しい記載をします。訂正印はなくても構いません（申請者の押印が廃止されたからです）。訂正方法は図面についても同様です。以前、図面の修正に修正液を使用して注意されたことがあります。図面だから大丈夫だろうと油断していました。どうしても修正液を使って訂正したいときは、訂正後にコピーを取って提出しましょう。

④　法定様式を改変しない

　許可申請書は「別記様式第1号」、営業の方法は「別記様式第2号」という法定様式です。これらの様式を改変してしまうと、申請が受理されないことがあります。

　様式は警視庁のホームページからダウンロードできます。PDF形式とWord形式のものがあります。Word形式のものは編集でき

るので、うっかり必要な行を削除したり文字を消してしまったりしないように注意してください。東京都では問題視されていませんが、他府県では申請書の「備考」部分を削除して申請したら受理されなかった、ということがありました。

⑤　記載要領は「備考」を読む

何をどう書けばよいのか迷ったときは、様式の備考をよく読んでみましょう。例えば、「「建物内の営業所の位置」欄には、営業所の位置する階の別及び当該階の全部又は一部の使用の別を記載すること。」など、備考には具体的な指示が記載されています。この場合では、「2階の一部（A室）」などと記載すればよいことがわかります。

（3）許可申請書（その1）作成のポイント

①　許可申請書（その1）とは

許可申請書（その1）は、申請者の氏名住所、営業所所在地や名称など、申請者、営業所、管理者の情報を記載する書類です。住民票や履歴事項証明書等を手元に用意してから作成を始めるとスムーズです。

申請書は（その1）から（その3）までありますが、社交飲食店の場合は（その1）と（その2A）を使用します。

②　作成のポイント

記載内容のポイントは次のとおりです。

i　申請者住所は住民票・履歴事項全部証明書のとおりに記載する

「丁番地」を「－（ハイフン）」にしてはいけません。マンション名の記載があるかどうかなども注意してください。「東京都」なども略さずすべて書きます。

ii 申請者氏名は住民票のとおりに記載する

　外字が使われている場合も、そのとおりに記載します（その部分だけ手書きしても構いません）。また、外国人の場合は、英語表記と漢字表記（またはカタカナ）が併記されていれば、そのとおりに記載します。なお、通称の記載は任意ですが、印鑑を通称で作っている場合は通称をカッコ書きします（誓約書に押印してもらったときに判別できるようにするため）。

iii 営業所所在地は飲食店営業許可書と合わせる

　申請書に記載する営業所所在地と飲食店営業許可書に印字された施設の所在地は一致するはずです。

iv 申請者の押印

　申請書への申請者の押印は不要です（押印しても問題ありません）。前述のとおり、代理人行政書士の押印は必要です。

v 日付は空欄のままにしておく

　申請日付は、申請当日、書類のチェックを受けてから記載します。あらかじめ記載しておいて、当日受理されないと訂正が必要になるからです。書類を渡してチェックしてもらい、問題がなければ「では、日付を入れてください」と指示されるので、それから記載します。

vi 役員の人数が多いときは別紙添付する

　代表者以下法人の役員については、申請書に氏名と住所の記載が必要です。申請書には、代表者と他２名分の記載欄がありますが、書ききれない場合は別紙に記載し添付します

vii 代理人情報は申請者と併記する

　申請代理人として申請しますので、申請書の「申請者の氏名又は名称及び住所」の下（または「東京都公安委員会殿」の下あたり）に「上記申請者代理人」として、住所等を記載して職印を押印します。

　上記の内容を欄外に書く行政書士も少なくありませんが（特に

昔から風俗営業業務を手掛けている行政書士）、警視庁では欄外ではなく申請者に併記するよう求めています。他府県では、「欄外に記載した場合、代行扱いとするので書類の訂正は認められない」と指導されることもあります。十分注意しましょう。

Column

法定様式だから

　これは押印が廃止される前、埼玉県に深酒（深夜における酒類提供飲食店営業）の届出をしに行ったときの話です。埼玉県警のホームページは、届出書が Word 形式でダウンロードできるので、Word に届出事項を入力して届出をしました。そして、申請者の住所、氏名を入力しながら、㊞の字が邪魔だったので何の気なしに削除し、押印して届出をしました。

　そうしたら、「法定様式を改変した」ということで不受理になってしまいました。"押印してあれば目的は達成されているのに！"ととても驚きました。

••••••••••••• *Column* •••••••••••••

理由書をすらすら書けるようになろう

　原則どおりの添付書類がそろわないというイレギュラーな申請もたくさんあります。そんな際に活躍するのが「理由書」です。

　理由書とは、例えば書類が一部用意できない理由を記載したり、期限を過ぎての届出（第4章参照）の際に添付する書類のことです。風俗営業許可申請は実査もありますが、基本は書類審査なので理由を「話す」のではなく「書面にして提出する」必要があるのです。法定様式ではないので、具体的かつ簡潔に記載内容を考えて作ります。

　筆者はこれまでたくさんの理由書を作ってきましたが、よくあるのが登記関係の理由書です。法人代表者が住所変更登記を行っておらず、住民票の住所と登記上の住所が一致しないなどということは珍しくありません。

　変更登記後に申請するのがベストですが、お金も時間もかかることなので、理由書添付で申請を受け付けてもらえるのはとてもありがたいですね（事前に所轄担当者に確認してください）。

　また、申請の際にその場でパッと理由書を書くこともあります。日頃から理由書に使えそうな文言を考え、漢字が書けるようにしておくことをおすすめします。

◎申請書（その1）記載例（個人）

別記様式第1号（第9条関係）

<table>
<tr><td colspan="2">その1</td><td>受　理
※年月日</td><td></td><td>許　可
※年月日</td><td></td></tr>
<tr><td colspan="2"></td><td>※受　理
番　号</td><td></td><td>※許　可
番　号</td><td></td></tr>
</table>

許　可　申　請　書

　風俗営業等の規制及び業務の適正化等に関する法律第5条第1項の規定により許可を申請します。

年　　月　　日

東京都公安委員会殿

申請者の氏名又は名称及び住所

東京都新宿区歌舞伎町3丁目1番2―○○○号
法令　太郎

上記申請者代理人

東京都新宿区西新宿6丁目2番3―603号
シーズ行政書士事務所　特定行政書士　中村麻美
TEL/○○-○○○○-○○○○　FAX/○○-○○○○-○○○○

職印

<table>
<tr><td>（ふりがな）
氏 名 又 は 名 称</td><td>ほうれい　たろう
法令　太郎</td><td></td></tr>
<tr><td>住　　　　　所</td><td>〒（162－0021）
東京都新宿区歌舞伎町3丁目1番2―○○○号</td><td>（090）○○○○局○○○○番</td></tr>
<tr><td>（ふりがな）
営 業 所 の 名 称</td><td>くらぶ　はなこ
CLUB　花子</td><td></td></tr>
<tr><td>営 業 所 の 所 在 地</td><td>〒（162－0021）
東京都新宿区歌舞伎町1丁目○番×号　法令ビル2階A号室</td><td>（03）○○○○局○○○○番</td></tr>
<tr><td>風 俗 営 業 の 種 別</td><td colspan="2">法第2条第1項第　1号の営業（社交飲食店）</td></tr>
<tr><td>（ふりがな）
管 理 者 の 氏 名</td><td>おみずの　はなこ
御水野　花子</td><td>選　任
状　況　　1．専任
　　　　　2．兼任</td></tr>
<tr><td>管 理 者 の 住 所</td><td>〒（171－00××）
東京都豊島区○○町10番11号12番　　○○マンション101</td><td>（○○○）○○○○局○○○○番</td></tr>
<tr><td>（ふりがな）
法人にあつては、
その役員の氏名</td><td colspan="2">法 人 に あ つ て は 、 そ の 役 員 の 住 所</td></tr>
<tr><td rowspan="3">代
表
者</td><td></td><td></td></tr>
<tr><td></td><td></td></tr>
<tr><td></td><td></td></tr>
</table>

<table>
<tr><td rowspan="2">滅 失 に よ り
廃止した風俗営業</td><td>廃 止 の 事 由</td><td>廃 止 年 月 日</td><td>許 可 番 号</td></tr>
<tr><td></td><td>年　　月　　日</td><td></td></tr>
<tr><td rowspan="2">現に風俗営業許可等を
受けて営む風俗営業</td><td>許可年月日</td><td>年　　月　　日</td><td>許可番号</td></tr>
<tr><td>営業所の名称
及び所在地</td><td colspan="2"></td></tr>
</table>

日付は和暦で申請時に記入します。申請時に記入するので、それまでは空欄にしておきます。

行政書士の住所、氏名を記入し、職印を押印します。

住民票のとおりに記載します。管理者の氏名についても同様です。

住民票のとおりに記載します。管理者の住所についても同様です。

飲食店営業許可書と一致しているか確認します。

社交飲食店／料理店等の別を記載します。

風俗営業の種別を記載します。

原則として「専任」に〇をします。

申請に係る営業所以外で現に風俗営業許可等を受けて営んでいる風俗営業のうち直近の日に許可を受けたものを記載します。

◎申請書（その1）記載例（法人）

別記様式第1号（第9条関係）

その1	受理 ※年月日		許可 ※年月日	
	受理 ※番号		許可 ※番号	

許　可　申　請　書

風俗営業等の規制及び業務の適正化等に関する法律第5条第1項の規定により許可を申請します。

　　　　　　　　　　　　　　　　　　　　　　　　　年　　月　　日

東京都公安委員会殿

申請者の氏名又は名称及び住所

東京都新宿区歌舞伎町3丁目○番2号駅前ビル
法令商事合同会社　代表社員　法令太郎

上記申請者代理人

東京都新宿区西新宿6丁目2番3－603号
シーズ行政書士事務所　特定行政書士　中村麻美
TEL/○○-○○○○-○○○○　FAX/○○-○○○○-○○○○

職印

（ふりがな）	ほうれいしょうじごうどうがいしゃ	
氏名又は名称	法令商事合同会社	
住所	〒（160－0021） 東京都新宿区歌舞伎町3丁目○番2号駅前ビル （03）○○○○局○○○○番	
（ふりがな）	くらぶ　パレード	
営業所の名称	CLUB　パレード	
営業所の所在地	〒（160－0021） 東京都新宿区歌舞伎町2丁目○番×号　大入ビル5階B室 （03）○○○○局○○○○番	
風俗営業の種別	法第2条第1項第　1号の営業（社交飲食店）	
（ふりがな） 管理者の氏名	ほうれい　たろう 法令　太郎	選任状況　1.専任　2.兼任
管理者の住所	〒（171－○○○○） 東京都豊島区○○町10番11号12番　○○マンション101 （○○○）○○○○局○○○○番	
（ふりがな） 法人にあつては、 その役員の氏名	法人にあつては、その役員の住所	
代表者 ほうれい　たろう 代表社員 法令　太郎	〒（171－○○○○） 東京都豊島区○○町10番11号12番　○○マンション101	
ほうれい　はなこ 業務執行社員 法令　はなこ	〒（162－○○○○） 東京都新宿区大久保7丁目○－203号	

滅失により 廃止した風俗営業	廃止の事由	廃止年月日	許可番号
		年　月　日	

現に風俗営業許可等を 受けて営む風俗営業	許可年月日	年　月　日	許可番号	
	営業所の名称 及び所在地			

日付は申請時に記入します。

履歴事項全部証明書のとおりに記載します。押印は不要です。

行政書士の住所、氏名を記入し、職印を押印します。

履歴事項全部証明書のとおりに記載します。

飲食店営業許可書と一致しているか確認します。

社交飲食店／料理店等の別を記載します。

風俗営業の種別を記載します。

原則として「専任」に○をします。

住民票のとおり記載します。

役員の肩書、氏名を記載します。

住民票のとおり記載します。

住民票のとおり記載します。

役員が多いときは、別紙に記載しても構いません。

申請に係る営業所以外で現に風俗営業許可等を受けて営んでいる風俗営業のうち直近の日に許可を受けたものを記載します。

（4）申請書（その2A）作成のポイント

①　申請書（その2A）とは

申請書（その2A）は、営業所の構造や設備の概要を記載する書類です。面積の記載があるので、求積図が完成してから作成するとスムーズです。

申請書その2には、A〜Cの種類があります。社交飲食店の営業申請ではAを使用します。

②　作成のポイント

備考をよく読んでから書類作成を進めてください。書ききれない部分は別紙添付とします。例えば、「照明設備」「音響設備」の欄などは、「別紙音響・照明設備図のとおり」として、音響・照明設備図を添付すれば構いません。

「その他」の欄には、出入口の数、間仕切りの位置および数、装飾その他の設備の概要等を記載します（備考より）。具体的には、記入例のように「営業所の入り口は1箇所である」「見通しを妨げる間仕切り等はない」などと記載します。

「防音設備」の欄には、営業所の具体的な構造・内装仕様を記載します。特に防音工事をしている店舗であれば、施工内容を確認して「石膏ボード内側に100mm グラスウール設置」など具体的に記載することもあります。

◎許可申請書（その２A）記載例

その２（A）	（法第２条第１項第１号から第３号までの営業）		
営業所の構造及び設備の概要	建 物 の 構 造	鉄骨鉄筋コンクリート造陸屋根地下１階建付５階建	
	建 物 内 の 営業所の位置	２階の一部（Ａ号室）	
	客 室 数	１室　　　　　　営業所の床面積　　３６．５０㎡	
	客 室 の 総 床 面 積	２１．２２㎡	
	各客室の床面積	２１．１１㎡ ／ ㎡ ／ ㎡ ／ ㎡	
	照 明 設 備	別紙音響・照明設備図の通り	
	音 響 設 備	スピーカー４基を設置する。設置場所は別紙の通り	
	防 音 設 備	厚さ２０ｃｍ以上のコンクリート壁による遮断構造 天井：石膏ボード下地クロス貼り 壁：石膏ボード下地クロス貼り、一部鏡貼り ドア：鉄製 床：コンクリート下地カーペット貼り、一部タイル貼り	
	そ の 他	営業所の入り口は１箇所である 客室内には、見通しを妨げる仕切り等の設備はない 客室内には善良の風俗または清浄な風俗環境を害するおそれのある写真・広告等は掲示していない	
※	風 俗 営 業 の 種 類		
※	兼 業		
※	同 時 申 請 の 有 無	①　有　　　②　無	※　受理警察署長
※条件	年　月　日		
	年　月　日		
	年　月　日		

建物の履歴事項証明書を見て記載します。

すべての客室面積を合計した面積を記載します。

２室以上の場合は、各客室の面積を記載します。

※印の欄には何も記載しません。

入居フロアをすべて使用するときは「○階の全室」となります。
一部使用の場合は使用部分の部屋番号を記載します。

（5）営業の方法（その１）作成のポイント

①　営業の方法（その１）とは

　営業の方法（その１）は、営業時間や営業の態様を記載する書類です。実際の営業内容に応じて作成するので、申請者へのヒアリングが重要なポイントです。ただ、法令の規制もあるので、申請者の希望どおりにならないところもあり、その点は説明が必要です。具体的に以下確認していきましょう。

②　作成のポイント

i　法令の規制に注意すべき内容

[営業時間]

　社交飲食店の営業時間は、午前6時から午前0時までが原則です。一部の営業時間延長許容地域については、午前1時まで延長ができます。したがって、営業所のある地域が延長許容地域であるかどうか確認することが重要です。

　また、いわゆる「朝キャバ」（朝から営業している社交飲食店）は、午前中から営業しているものですが、午前6時以降でないと違法になってしまうので注意が必要です。

[18歳未満の者の雇用]

　成年年齢が18歳に引き下げられましたが、風営法の規定に変更はないので注意してください。風俗営業店では、18歳未満の者はホステス、キャストなど接待業務に従事することはできません。

　調理などの接待にあたらない業務であれば行うことはできますが、午後10時から午前6時までの間は、「客に接する業務」はできません。接客ができないという意味です

　なお、労働基準法では18歳未満の者を午後10時から午前5時

までの間に働かせることは、原則として禁止されています。つまり、18歳未満の従業員が働けるのは、午後10時までと考えたほうがよいでしょう。

　もし、18歳未満の者を雇用するのであれば、上記2点に違反しないよう勤務内容と勤務時間を営業の方法に具体的に記載します。

ii　兼業の有無

　社交飲食店以外に兼業している営業があれば、営業時間や営業内容などを具体的に記載します。ここに記載すべき営業は、許可を要する営業と解されているので、具体的には特定遊興飲食店営業ということになると思います（そのため兼業を記載することはまれです）。

◎営業の方法（その１）記載例

別記様式第２号（第９条関係）

その１

営 業 の 方 法

営業所の名称　ＣＬＵＢ花子

営業所の所在地　東京都新宿区歌舞伎町１丁目○番○号 法令ビル２階Ａ号室

風俗営業の種別　法第２条第１項第 １号の営業（社交飲食店）

営　業　時　間	午前　　　　　　　　　　　午前 　　　　７時００ 分から　　　　　１時００分まで 午後　　　　　　　　　　　午後 ただし、　　　　　の日にあつては、 　　　　午前　　　　　　　　午前 　　　　　　　時　　分から　　　時　　分まで 　　　　午後　　　　　　　　午後
18歳未満の者を 従業者として使用 すること	①する　　②しない ①の場合：その者の従事する業務の内容（具体的に） 午後６時から午後９時まで、調理場で調理、皿洗いを担当する。
18歳未満の者の 立入禁止の表示方法	営業所入り口ドア一横に「18歳未満の方の立ち入りをお断りします」と５ cm×20cm程度の大きさにて記載したものを貼付する。
飲食物（酒類を除 く。）の提供	①する　　②しない ①の場合：提供する飲食物の種類及び提供の方法 別紙メニュー記載の軽食、ソフトドリンクを、客の求めに応じて調理し、 客室テーブルに運んで提供する。
酒　類　の　提　供	①する　　②しない ①の場合：提供する酒類の種類、提供の方法及び20歳未満の者への 　　　　　酒類の提供を防止する方法 別紙メニュー記載の酒類を、客の求めに応じてグラスに注ぎ、客室テーブ ルに運んで提供する。店内の見やすいところに、10ｃm×25ｃm程度の 「20歳未満のお客様への酒類提供はお断りします」と書いた札を掲示する とともに、身分証明書の提示を求めて年齢確認を徹底する。
当該営業所におい て他の営業を兼業 すること	①する　　②しない ①の場合：当該兼業する営業の内容

飲食店営業許可書と一致しているか確認します。

申請書に記載した名称等と一致させます。

年末年始や祭礼など、営業時間の特例がある場合に記載します（条例の規定による）。

法の規制に違反しない内容であるかに注意します。従事する業務内容、時間等を具体的に記載します。

この欄に書ききれない場合、別紙を添付します。「客の求めに応じて」とは、頼まれもしないのに勝手に提供しない、ということを意味します（決まり文句のようなもの）。

このほかに「カウンターで提供する」などがありあます。

この欄に書ききれない場合、別紙を添付します。

兼業がある場合、兼業できる業務であるのかあらかじめ所轄警察署の担当者に相談します。

（6）営業の方法（その2A）作成のポイント

①　営業の方法（その2A）とは

　営業の方法（その2A）は、料金や従業員等について記載する書類です。「接待」「遊興」の内容を記載しますので、どんな行為が接待で、どんな行為が遊興になるのかを確認しておきましょう。

　営業の方法（その2）は、AからCまであります。社交飲食店ではAを使用します。

②　作成のポイント

　社交飲食店は、接待を行う飲食店ですが、午前0時までであれば遊興も併せて行うことができます。もし、午前0時を過ぎて遊興を行うのであれば、特定遊興飲食店営業の許可が必要です。なお、営業時間が午前1時まで延長できる地域であっても、遊興は午前0時までしか行えません。

　どんな行為が遊興にあたるかは、はっきり線引きすることが難しいです。考え方は、店側の積極的な行為によって客に遊び興じさせるかどうかで判断します。

　例えば、客がカラオケを歌う際、拍手したり一緒に歌ったりする行為は接待ですが、カラオケ大会を催すのは遊興にあたります。客と一緒にダンスすれば接待になりますが、ダンスするのは客だけであって、そのための場所を設けているなら遊興です。また、バンドの生演奏などは、単に有線などのBGMが流れているのと異なり、店が積極的に聞かせているのですから、遊興にあたります。

　営業の方法には、単にこれらのことを行うかどうか、行うとしたら何時まで行うかを記載するだけですが、営業の内容をよくヒアリングして違法行為をしてしまわないようにアドバイスすることも、行政書士の仕事だと思います。

◎「営業の方法（その2A）記載例」

その2（A）（法第2条第1項第1号から第3号までの営業）				
料　　　金	別紙料金システム表参照 〔この欄に書ききれなければ別紙を添付します。〕			
料金の表示方法	入口に料金システム表を掲示する。 各客席にてメニュー表を掲示する他、注文前にシステム及びその他飲食物等メニューの料金を説明する。			
役務提供の態様	客の接待をする場合はその内容	特定少数の客の近くに座り継続して談笑の相手となり、時に酌などしてその場の雰囲気を和やかなものにし、また、その客に対し歌うことを勧奨し、その客の歌に手拍子をとり、または客と一緒に歌う。 〔決まり文句のようなもので構いません。〕		
	客の接待をする場合は接待を行う者の区分	常時当該営業所に雇用されている者	10名（男性2名、女性8名）	
		それ以外の者	名	
			主たる派遣元	（ふりがな） 氏　名　又　は 名　称	
				住　所	〒（　　） 〔派遣のホステスを受け入れる場合等は記載します。〕 （　　）　　局　　番
				（ふりがな） 法人にあっては、その代表者の氏名	
	客に遊興をさせる場合はその内容及び時間帯	遊興の内容	客に生バンドでカラオケを歌わせる。 〔特定遊興の許可なく遊興を行えるのは午前0時までです。〕	
		時　間　帯	午前 午後　7時　00分から　午前　0時　00分まで 午後	
	（法第2条第1項第1号の営業のみ記載すること）			
	客　　　室	和風のもの　　　　　　室	その他のもの　　　　　1室	

〔和風のもの、洋風のものいずれか一方を記入します。和洋折衷は認められません。〕

（7）システム・料金表作成のポイント

①　システム・料金表とは

　システム・料金表は、営業の方法（その2A）の「料金」欄に書ききれない場合に作成します。添付書類として作成するので、内容がわかればデザインは任意です。お店で用意しているものがあれば、コピーして添付しても構いません。

　ただし、事前に料金を提示することで、ぼったくりなどの料金トラブルを防ぐ目的なので、「10,000円〜」というような表記は認められません。「〜」であれば、結局いくらになるか不明だからです。趣旨を理解し、申請者にもその点を守ってもらうよう説明しましょう。

②　システム・料金表作成のポイント

i　記載内容

　料金表は、「システム料金」と「メニュー料金」の両方を記載します。システムとは、その店に入ったらかかるお金のことです。

　具体的には、

- ・セット料金
- ・指名料
- ・同伴料
- ・サービス料

などです。

　セット料金は、時間帯によって料金が異なる場合、そのすべてを記載するようにします。セット料金に何が含まれるのかも明記しましょう。

　セット料金とは別の、個別の注文に対する料金がメニュー料金

です。ボトル料金、ショット料金などを記載します。153 ページの記載例を参考にしてください。酒類だけでなく、フードメニューもあれば記載します。

ⅱ　税込みの総額表示で記載する

令和 3 年 4 月から、消費税込みの料金表示をすることが義務付けられています。システム・料金表も税込み価格を表示しなければなりません。

表示方法は、例えば 1,100 円として総額のみ表示してもよいし、1,000 円（税込み 1,100 円）としても構いません。

◎システム・メニュー表例

システム

●セット料金

1セット60分

> 1セットの時間を明記します。

20:00〜20:59　4,400円

> 税込み総額表示にします。

21:00〜 1:00　5,500円

焼酎ハウスボトル、ウィスキーハウスボトル、ウーロン茶、氷・水
無料

> セット料金に含まれるものを明記します。

●延長料金

30分　3,300円

60分　6,600円

●指名料等

本指名　　　2,200円

場内指名　2,200円

指名延長　30分　1,100円

同伴（90分）　16,500円

●サービス料等

サービス料　10%

メニュー

<ボトル料金>
●ウィスキー
ハーパー　8,800 円
ワイルドターキー　8,800 円
マッカラン　13,200 円
山崎　13,200 円
響　27,500 円

●ブランデー
レミー・マルタン　11,000 円
カミュ XO　33,000 円
ヘネシー　22,000 円

●焼酎
鏡月プレミアム　5,500 円
鍛高譚　5,500 円
JINRO　4,400 円
吉四六　8,800 円
黒霧島　8,800 円
富乃宝山　13,200 円
百年の孤独　16,500 円

●ワイン、シャンパン
ブーブクリコ（ロゼ）　33,000 円
ドンペリ（白）　55,000 円
モエ（白）　22,000 円
白　22,000 円
赤　22,000 円

<その他料金>
●その他
ビール　770 円
カクテル　各種　1,100 円

●ソフトドリンク
ウーロン茶、炭酸、アセロラ、オレンジ、グレープフルーツ、ジンジャーエール
各 500ml ピッチャー　1,100 円

<フード料金>
チョコ盛り合わせ、冷やしトマト、ミックスナッツ
　各 1,100 円

生ハム、野菜スティック、梅キュウ、レーズンバター
　各 1,650 円

フルーツ盛り（小）　5,500 円
フルーツ盛り（中）　11,000 円
フルーツ盛り（大）　22,000 円

（8）誓約書作成のポイント

①　誓約書とは

　誓約書とは、欠格事由に該当していないことを申請者・管理者本人が誓約する書類です。個人、法人役員、管理者ごとに欠格事由の定めがあるので、該当する内容で作成します。

　法定様式ではないので様式は自由ですが、事実上ほぼ統一された様式が使われています。記載例を参考に作成してみてください。

　なお、民法の成年後見制度が改正されたことに伴い、令和元年12月14日に風営法の欠格事由も改正されました。古いままの誓約書を使用しないように注意してください。

②　誓約書作成のポイント

ⅰ　署名捺印

　記載例のとおり、営業所所在地などは印字して作成しても構いません。申請書類への押印が廃止されましたが、記名（印字）の場合は押印してもらうことが望ましいです。署名、捺印してもらうことがベストです。

　外国人の場合も印鑑があれば押印してもらいます。なければ署名でも構いません。

ⅱ　申請者用、管理者用それぞれ作成する

　個人申請の場合は個人用の誓約書と管理者の誓約書、法人申請の場合は法人用の誓約書と管理者の誓約書をそれぞれ作成する必要があります。それぞれ誓約書の内容が異なるので、間違えないように注意してください。

ⅲ　日　付

　誓約書の日付は、実際に署名捺印してもらった日付を記載します。申請日に合わせる必要はありません。和暦で記載してもらっ

てください。

iv 役員が複数いるとき

　法人申請の場合は、代表取締役以下すべての役員について誓約書が必要です。

　役員が複数人いるときは、1枚の誓約書に連名で署名捺印（または記名押印）してもよいし、役員ごとに誓約書を作るのでも構いません。連名で誓約書を作る場合、忙しい役員がいるといつまでも次の役員の署名捺印ができずに時間がかかることもあります。そんなときは、役員ごとに誓約書を用意するほうがよいでしょう。

◎誓約書（個人用）例

誓約書

　私は、風俗営業等の規制及び業務の適正化等に関する法律第4条第1項第1号から第10号までに掲げる者のいずれにも該当しないことを誓約します。

> 署名、捺印した日を記載します。申請日に合わせる必要はありません。

令和5年　〇月　　〇日

営業所所在地　東京都新宿区歌舞伎町1丁目〇番〇号
　　　　　　　法令ビル2階A号室

営業種別・名称　法1号営業（社交飲食店）　　CLUB　花子

氏　　　　名　法令　太郎　　㊞

> 認印で構いません（押印は必須ではないが、押印してもらうことが望ましい）。
> 押印しない場合は署名してもらいます。

> 住民票のとおりに記載（署名が望ましい）。
> 記名（印字）したものを作成する場合は押印してもらいます。

東京都公安委員会殿

◎誓約書（法人用）例

誓約書

　　私共は、風俗営業等の規制及び業務の適正化等に関する法律第4条第
　1項第1号から第9号までに掲げる者のいずれにも該当しないこと
　を誓約いたします。

> 署名、捺印した日を記載します。申請日に
> 合わせる必要はありません。

令和5年　○月　○日

営業所所在地　　東京都新宿区歌舞伎町2丁目○番○号
　　　　　　　　大入ビル5階B室

営業種別・名称　法1号営業（社交飲食店）　　CLUB　　パレード

事務所所在地　　東京都新宿区歌舞伎町3丁目○番○号　駅前ビル

> 代表者は代表者印を押印します（押印は必須
> ではないが、押印してもらうことが望ましい）。
> 押印しない場合は署名してもらいます。

法　　人　　名　法令商事合同会社

役　員　氏　名　代表社員　法令　太郎　　㊞

　　　　　　　業務執行社員　　　法令　花子　㊞

> 住民票のとおりに記載（署名が望ましい）、記名（印字）
> したものを作成する場合は押印してもらいます。

> 取締役は、個人の認印で捺印します。

東京都公安委員会殿

◎誓約書（管理者用）例

（管理者用イ）

> 管理者は、
> ・誠実に業務を行う
> ・欠格事由に該当しない
> の2通の誓約書を提出します。

誓約書

　　私は、CLUB　パレードの管理者として、その業務を誠実に行うことを誓約いたします。

　　令和5年　○月　○日

営業所所在地　　東京都新宿区歌舞伎町2丁目○番○号
　　　　　　　　大入ビル5階B室

営業種別・名称　法1号営業　（社交飲食店）　CLUB　パレード

氏　　　　　名　　法令　花子　㊞

> 認印で構いません（押印は必須ではないが、押印してもらうことが望ましい）。押印しない場合は署名してもらいます。

> 住民票のとおりに記載してもらいます（署名が望ましい）。記名したものを作成する場合は押印してもらいます。

東京都公安委員会殿

(管理者用ハ)

誓約書 — 管理者が欠格事由に該当しない旨の誓約書です。

　私は、風俗営業等の規制及び業務の適正化等に関する法律第２４条第２項各号に掲げる者のいずれにも該当しないことを誓約いたします。

署名、捺印した日を記載します。
申請日に合わせる必要はありません。

令和５年　○月　○日

営 業 所 所 在 地　東京都新宿区歌舞伎町２丁目○番○号
　　　　　　　　　大入ビル５階Ｂ室

営業種別・名称　法１号営業　（社交飲食店）　ＣＬＵＢ　パレード

氏　　　　　名　法令　花子　㊞

認印で構いません（押印は必須ではないが、押印してもらうことが望ましい）押印しない場合は署名してもらいます。

住民票のとおりに記載してもらいます（署名が望ましい）。
記名したものを作成する場合は押印してもらいます。

東京都公安委員会殿

（9）委任状作成のポイント

　委任状は、どんなことを記載するか意外と悩む書類です。委任事項を具体的に記載し、さらに「一切の手続き」と包括的に記載しておきます。なお、申請の取下げは不利益行為なので「一切の手続き」の記載では取下げの代理権があるとは認められません。

　取下げを委任事項に入れる場合は、具体的に「取下げに関する件」等記載します。記載例を参考に委任状を作ってみましょう。

　委任内容をどう書くか迷ったら、申請書を参考にするとよいでしょう。例えばこの例では、申請書に「風俗営業等の規制及び業務の適正化等に関する法律第5条第1項の規定により許可を申請します。」とあるので、そこから「風俗営業等の規制及び業務の適正化等に関する法律第5条第1項の許可申請書の作成（以下略）」としています。

◎委任状例

委任状

> 代理人行政書士の事務所所在地、事務所名、行政書士名、登録番号、連絡先を記載します。

受任者　東京都新宿区西新宿６－２－３
　　　　新宿アイランドアネックス６０３
　　　　シーズ行政書士事務所　特定行政書士中村麻美
　　　　登録番号○○○○○○○○
　　　　TEL/03-○○○○-○○○○　FAX/03-○○○○-○○○○

> 携帯のほうが連絡が取りやすければ、携帯番号を記載しても構いません。

> 風俗営業許可申請のこと

私は、上記の者を代理人と定め、
風俗営業等の規制及び業務の適正化等に関する法律第５条第１項の許可申請書の作成、修正、提出、取り下げ、及び許可証の受取、並びに復代理人選任に関する一切の権限を委任します。

> 具体的な委任事項を記載します。わかりやすいようあえて修正等も記載していますが、「一切の権限」に含まれるので書かなければ修正できないということではありません。取下げには特別な委任が必要なので、ここに明記します（「一切の権限」には含まれない）。

令和　　年　　月　　日

委任者
東京都新宿区歌舞伎町３丁目○番○号　駅前ビル
　　　　法令商事合同会社
　　　　代表社員　法令　太郎

> 個人であれば住民票のとおり、法人であれば履歴事項全部証明書のとおりに委任者情報を記載します。
> 法人の場合、代表者印を押印してもらいます。
> 印鑑証明書は不要。個人は認印で構いません。

(10) 申請のポイント

① 予約制である

　申請は管轄の警察署によって異なりますが、原則として予約制です。ほとんどの警察署では、申請受付だけでなく様々な仕事を兼任しているので、いつ行っても申請できるというわけではありません。予約なしに出かけて行っても無駄足になることがあります。

　予約電話の際は、希望日時だけでなく申請者の氏名・名称、営業所の所在地、営業所の名称も聞かれることがあるので答えられるよう用意しておきましょう。

　なお、申請の際に申請者の面談を行う警察署もあります。申請者の同行が必要かどうか、予約電話の際に確認しておきましょう。

② 申請書は正本のみでよい

　申請書は正本1通を提出すれば足ります。ただし、申請者の控えと行政書士の控えは別途用意しておくべきでしょう。

　書類の綴り順は特に指定されていませんが、84ページの提出書類一覧の順にそろえていくと確認がしやすいようです。管理者の写真は小さいのでなくしやすいです。なくさないように封筒や透明の小袋に入れて提出することが望ましいです。

③ 申請の流れ

　申請にかかる時間は30分から1時間程度です。店舗の大きさによってはさらに時間がかかることもあります。

i 書類を提出する

　申請書正本、求められれば控えも一緒に渡します。書類を渡すと、まず必要書類がそろっているかチェックされます。ここで書類に不足があれば、受理されないこともあるので十分確認のうえ

申請しましょう。書類がそろっていれば、内容に間違いがないかのチェックがあります。質問されることもあるので、簡潔に答えられるよう心構えしておきましょう。

　軽微な間違いはその場で訂正できますが、訂正事項が多かったりその場で訂正できないような間違いがあれば出直さなければならないこともあります。なお、申請者の訂正印は不要です。

　問題がなければ「申請・届出受領書」が交付されます。これは申請を受け付けたという書類です。採用広告の掲載などに使用することが多いので、申請者に渡します。行政書士もコピーを手元に残しておくことをお勧めします。

　受領書に記載された受領年月日の翌日から数えて55日以内（土日祝日を含まない）に、許可または不許可の連絡が来ます。この連絡は電話で来ますが、行政書士宛に電話してほしいのか申請者に直接電話してほしいのか、申請の際に担当者と確認しておきましょう。

ii　面　談

　申請者の同行を求める警察署では、申請時に面談を行ったり誓約書の記載を求めたりします。面談といっても、難しいことは何もありません。営業内容などの確認、禁止事項や注意事項の案内なので緊張する必要はありません。

iii　手数料の納付

　書類が受理されると申請手数料を納付します。申請手数料は全国一律24,000円です。現金払いのほか、クレジットやQRコード決済が利用できます。

　会計で手数料を納付すると領収書兼納付書を交付されるので、そのまま申請担当者に渡します。申請担当者がそこから領収書を切り取ってくれるので、領収書は持って帰ります。

iv　実査の予約

　申請書が受理されて手数料を支払うと、実査の日程を決めま

す。そのため、申請者にあらかじめ実査立ち合いが可能な日程を
確認しておく必要があります。実査にかかる時間は、おおむね1
時間程度です。

　東京都の場合、実査は午前と午後に1回ずつです。午前は10
時30分、午後は1時開始です（いずれも、開始時間の30分前に
浄化協会の調査担当者がお店に来ます）。ただし、地域によって
は多少時間が異なる場合や、午前中しか実施されないこともあり
ます。

6 構造検査（実査）

　構造検査（以下、「実査」という）とは、営業所の内装を確認し、申請内容と異なるところがないか、法令違反がないかなどを浄化協会の調査担当者が検査するものです。検査だけでなく申請者の面談や注意事項の説明も行われます。

　行政書士業務では、実地検査がある業務は珍しいと思います。慣れないうちはどんな点に注意して進めていくべきか迷うこともあると思います。

　このパートでは、実査のポイントを確認していきます。検査を行うのは公益財団法人東京防犯協会連合会風俗環境浄化協会（以下、「浄化協会」という）という機関ですが、ほとんどの場合、所轄警察署の担当者も立ち会います。また、消防署や役所の建築指導課からも担当者が来て、それぞれの担当する箇所をチェックします。大勢が一斉に動くので、スムーズに検査が進むよう段取りを頭に入れておくことが大事です。

（1）事前準備

　実査当日までに確認・準備しておくべきことがいくつかあります。特に内装や照明設備等に法令違反があれば再実査になってしまうので、しっかり確認して必要があれば是正しておいてください。

① スライダックスの撤去

　スライダックスとは、調光設備のことです。電気スイッチの近くに、回したり上げしたりして明るさを調整するつまみがついていることがあります。営業所内は5ルクス超に照度が保たれていなければならないので、スライダックスによって5ルクス以下に明かりを

調整することは許されません。

　そのため、撤去するか機能しないようにする、もしくはスライダックスを使用しても5ルクス超の照度を保てるようにする（スライダックスにストッパーを付けたり、スライダックスのない照明で調整するなど）必要があります。

　実査当日にスライダックスで照明を調整して5ルクス以下になれば、原則として再実査になります。特に居抜きの店舗の場合、前の営業者がスライダックスを設置してそのままにしていることが多いので注意してください。

②　見通しを妨げる設備の撤去

　見通しを妨げる設備とは、おおむね100cmを超える間仕切りや衝立などのことです。天井からカーテンを下げて、隣のボックス席が見えないようにすることなども、見通しを妨げる設備になります。

　これらの設備があると、原則として再実査になります。メジャーで測ってしっかり確認するようにしましょう。

　また、透明な衝立であっても、100cmを超えれば原則として見通しを妨げる設備にあたります。紙や布を貼って容易に目隠しすることができるからです。

　判断に迷うことがあれば、写真を撮って事前に所轄担当者に相談し必要な手立てを講じるようにします。

③　外からの見通し

　客室内の見通しではなく、営業所外からの見通しにも注意が必要です。社交飲食店は、外から店内が丸見えになってはいけません。

　例えば、ガラス窓やガラスの入口であれば、外から容易に店内が見えます。設計時に注意すべきことですが、居抜きなどでやむを得ないこともあります。外から丸見えにならないように、スモークシートを貼るなどの、対策が必要になります。窓にはカーテンやブ

ラインドを設置すれば構いません。

④　善良な風俗を害する装飾

「善良な風俗又は風俗環境を害するおそれのある写真、広告物、装飾その他設備」を設けてはいけないとされています。具体的には、裸や下着の女性（もしくは男性）のポスターなどです。どこからが善良な風俗環境を害するおそれがあるかは、線引きが難しいのですが、水着の写真なども避けたほうが無難です。これらのものがあれば、事前に申請者に撤去してもらいます。

（2）実査当日の準備

実査をスムーズに進めるために、当日に準備すべきことを解説します。当日は開始予定時刻より1時間から30分ほど前（店舗の大きさによって所要時間は異なります）に店舗を開けてもらい、準備することをお勧めします。

なお、10時30分開始の場合、浄化協会担当者は10時前には到着するので、逆算して準備は9時か9時30分ごろから始めるとよいと思います。

①　18禁、20禁の表示

風俗営業者は、18歳未満の者が営業所に立ち入らないように、営業所入口にその旨表示しなければならないことが、風営法18条において定められています（通称「18禁」という）。また、20歳未満の者への酒類の提供は禁止事項です（通称「20禁」という）。そのための表示がされているか、実査が始まる前に確認してください。また、成人年齢が18歳に引き下げられましたが、20歳まではタバコも酒も禁止されています。

営業所入口の18禁の表示は、雨に濡れたりすることもあるので、耐久性のあるものが望ましいです。ホームセンターなどでも購入で

きますが、ラミネート加工で作ってもよいでしょう。筆者は、18禁と20禁の標識をラミネート加工で作って申請者に差し上げています。

◎「18禁」「20禁」の例

18歳未満の方の立ち入りをお断りします

20歳未満のお客様への酒類提供はいたしません

③　料金表示

　料金表は、「客の見やすいように表示しなければならない」と風営法 17 条に定められています。システム料金、メニュー案を印刷し、店内に掲示しましょう（料金表示の例は 152 ページを参照）。

④　従業者名簿を用意する

　従業者名簿とは、風俗営業者（風俗営業を営む者）が備えなければならない名簿のことです。従業者の住所氏名等を記載するので履歴書で事足りるのではないかと考える人も多いですが、履歴書とはまた別のものです。

　従業者名簿は、採用される側（キャストなど）が記載するのではなく営業者が作成するものです。法定の様式はありませんが、必須記載事項が決まっているのでもれなく記載するよう注意してください。次ページの例を参考に、店オリジナルの様式を作成しても構いません。

　実査のときはまだ従業員の採用途中ですので、名簿の用紙を用意しておけば問題ありません。

◎従業者名簿

<table>
<tr><td colspan="4" align="center">従業者名簿</td></tr>
<tr><td>ふりがな
※氏名</td><td></td><td>※性別</td><td>男・女</td></tr>
<tr><td>※生年月日</td><td>年　　月　　日生</td><td>※確認年月日</td><td>年　　月　　日</td></tr>
<tr><td>※国籍・地域</td><td></td><td>※確認年月日</td><td>年　　月　　日</td></tr>
<tr><td>※住所</td><td colspan="3">〒

　　　　　電話番号　　　　（　　）</td></tr>
<tr><td>※従事する業務の内容
（具体的に）</td><td colspan="3"></td></tr>
<tr><td>※採用年月日</td><td>年　　月　　日</td><td>※退職年月日</td><td>年　　月　　日</td></tr>
<tr><td>退職事由</td><td colspan="3">解雇・退職・死亡</td></tr>
<tr><td>備考</td><td colspan="3"></td></tr>
</table>

※印は必須記載事項です
・常勤の者はもちろん、派遣、体験入店等であっても当該営業所に従事する者について、従業者名簿の作成が必要です
・この名簿は、従業者の退職の日から起算して3年間は保存しなければなりません
・この様式を使用することが義務付けられているものではありません

⑤ 迷惑行為防止措置

i 貼り出し

　午前0時以降も営業する店では、深夜に客が迷惑行為を行わないように店がその防止措置をしなければならない旨が、平成28年の風営法改正で定められました。

　防止措置として、

・迷惑行為をしてはならない旨を営業所の見やすいところに掲示する

・同、書面を交付する

・同、口頭で説明する（または音声で知らせる）

・営業所内、営業所周辺を定期的に見回り、迷惑行為を防止する

・泥酔した客に酒類を提供しない

といった措置が求められます。

　実査のときには、迷惑行為を行ってはならない旨を営業所の見やすいところに掲示します。

ii 苦情受理記録簿の用意

　苦情受理記録簿は、迷惑行為防止措置とセットになるもので、苦情があったときに記載する書類です。

　苦情がなくても苦情受理記録簿自体は用意しておかなければなりません。実査のときは、未記入の用紙を用意しておけば問題ありません。なお、苦情があった場合も、記入した用紙は店に備え置けばよく、警察署に提出する等はありません。

◎迷惑行為防止措置の貼り出し

お客様へのお願い

営業所の周辺において、下記の行為は慎んでください。
ご協力のほど、よろしくお願い申し上げます。

CLUB　花子　店長

記

1　営業所の周辺において、大声で騒いだり、騒音を出
　さないようにお願い致します。

2　営業所の周辺において、酒に酔って粗野、乱暴な言
　動は慎んでください。

3　その他、営業所の周辺において、他人に迷惑を及ぼ
　す行為をしないように、お客様のご協力をお願い申し
　上げます。

4　また、上記の行為を確認しましたら、店舗従業員ま
　で、お知らせください。

以上

◎苦情受理記録簿

苦情受理記録簿

苦 情 受 理 年 月 日	
苦情処理を担当した者	
苦 情 を 申 し 出 た 者 の 氏 名 及 び 連 絡 先	
苦情の内容	
原因究明の結果及び苦情に対する弁明の内容	
改善措置	

この用紙は苦情があった日から起算して３年間は保存すること

⑥　内装等を整える

i　平面図のとおりにテーブル等を並べる

　図面と実際の内装を照らし合わせた際に確認しやすいように、平面図のとおりに椅子やテーブルを並べ直します。これを怠ると確認に時間がかかって好ましくありません。

ii　非常口や非常階段に置かれた物を撤去する

　実査は、浄化協会だけでなく消防署や市区町村役場の建築指導課の担当者も確認に訪れます。本来物を置いていけない場所に物が放置されていないか確認し、非常口や非常階段等に物が放置されていれば撤去しておきましょう。

（3）実査当日の流れ

①　余裕を持って開始に備える

　実査は、所轄警察署で教えられた時間より30分ほど前に始まります。例えば、「10:30から実査」と言われたとしたら、10時には浄化協会の担当者が営業所にやってきます。その点を行政書士なら慣れているからと説明しない担当者もいるので、「実際に始まる時間は？」と必ず確認して時間に余裕を持って現地に到着するようにしましょう。

　実査には、浄化協会（2名）、所轄担当者（1〜2名）、消防署（2名）、建築指導課（1〜2名）、申請者と、大勢の人が集まります。ただ、最初に浄化協会と所轄担当者が確認すべき部分を確認し、それが終わるころに消防署と建築指導課が来るので、さほど慌てる必要はありません。

　浄化協会の担当者は、自分のすべき確認をどんどん進めてくれるので、行政書士はそのサポートだと思っておけばよいでしょう。照明スイッチの場所など、案内が必要なときにしっかり案内できるよ

う事前に確認しておくとよいですね。

　営業所の広さにもよりますが、だいたい全部で1時間程度かかります。

②　書類の確認

　まずは、書類の確認です。浄化協会の調査担当者は、実査当日に初めて所轄担当者から申請書を受け取るので内容を確認する時間が必要なのです。たいていの場合、所轄担当者よりも浄化協会担当者のほうがずっと早く現地に到着するので、行政書士が控え書類を渡して見てもらうとスムーズに進みます。

　書類確認の間、申請者は座って待っていればよいので、そのように案内してください。

③　内装現況と申請図面の確認

i　内装、照明

　書類の確認が終わると、申請した図面と内装に異なるところがないか確認が始まります。並行して、音響・照明設備図と実際の音響・照明設備が一致しているかの確認も行われます。浄化協会担当者は2名で来るので、それぞれ役割分担してどんどん確認を進めていきます。

　照明スイッチの場所、スライダックスがないかなど図面からはわからないものに関しては、場所を案内しましょう。

　このときに、図面と現況が異なっていたり不明確な点があれば書類の修正が必要なこともあります。

ii　求　積

　求積図をもとに、数字が正しいかを実際に測って確認されます。一部の確認で終わることもあれば、すべての数字を確認することもあります。どこからどこまでの距離を計測したのかが図面に記載はありますが、現場でも指し示せるようにしておくとよい

でしょう。

iii　違法な設備

　椅子やテーブルであっても、その高さや配置場所によっては見通しを妨げる設備になることがあります。また、ピアノなどの楽器も見通しを妨げていないか注意が必要です。実査の際に指導があれば、動かせるものは動かして対応します。

④　申請者の面談

　前述の確認が終わると、営業における注意事項や禁止事項、従業者名簿等についての説明があります。申請者に対する面談ですが、行政書士も近くに座って一緒に説明を聞くと勉強になります。後日、申請者からわからない点を問い合わせされることもあるので、できる限り一緒に聞いておくとよいでしょう。

　このとき、従業者名簿と苦情受理記録簿を申請者に渡し、実際の用紙を見ながら説明を受けられるようにします。ここまでで、浄化協会と警察の実査は終了です。

⑤　その他

　浄化協会の確認が終わるころ、消防署と建築指導課の担当者がやってきて、それぞれのチェック項目を確認します。消火設備の説明や営業開始までの届出事項について説明があります。

　消火設備など設備関係はビル管理会社の対応が必要なこともあります。その場合は、申請者からビル管理会社等に連絡してもらい、対応してもらうようにします。

　地域によっては、これらの確認に来ない場合もあります。その場合は、浄化協会の確認が終了したら実査終了となります。

⑥　申請者に確認しておくこと

　実査が終わると、行政書士も申請者もほっと一息です。しかし、

そこで気を抜かず、許可後の手続きについても申請者と確認しておきましょう。

・許可証の受取り
・許可証の掲示
・申請内容に変更が生じたとき

など、初めて営業者になる人にはわからないことだらけなので、丁寧に説明し、健全な営業を続けてもらえるよう応援しましょう。

　筆者は許可書の受取りも代行します。まれにですが、受取りの際にも委任状を求められることがあるので、委任状は2通用意しておくようにしています。

7　許　可

（1）許可の連絡

　東京都の場合は、申請の翌日から55日以内（土日祝日は含まず）に、営業の許可・不許可が決まって連絡が来ます。許可の連絡が来たら、その日から営業を開始できます。

①　許可の連絡は電話

　申請時に伝えておいた番号に、許可連絡の電話がかかってきます。通常は行政書士宛に連絡してもらいますが（確実に連絡がつくため）、申請者自身に連絡する警察署もあります。

②　連絡があった日から営業可能

　許可の電話があれば、その日から営業して構いません（他府県では異なることもあるので確認してください）。

　電話がかかってきたら、次の点をメモしておきましょう。

・許可日
・許可番号
・許可証が受け取れる時期

　電話がかかってきた時点では、許可証がない状態での営業になります。もし立入りがあれば、許可日、許可番号を言えるようにしておくことが重要です。

（2）営業許可証、管理者証の受取り

　管理者証とは、管理者に交付される名刺サイズの証明書です。管理者講習に参加する際に提示が求められるので、なくさないよう保

管してもらいます。

　営業許可証・管理者証の受取りには、許可の連絡があってからこれまでは 10 日前後かかっていました。しかし、現在は電話があった当日でも受け取れるくらい早くなっています。

　後述しますが、許可証は店内の見やすい所に掲示しなければなりません。許可証を受け取るまでの間も営業できますが、可能な限り早めに受け取って、掲示義務を果たせるようにしましょう。

　行政書士が代理で受け取る場合、まれですが改めて委任状が必要になることもあります。警察署から電話があったら確認しておきましょう。

　なお、許可後に許可証と管理者証の記載事項に変更があれば、変更届が必要です。そして、廃業する際には両方とも返納します（詳しくは第 5 章）

（3）掲示義務

　営業所許可証は、営業所内の見やすいところに掲示することが義務づけられています。営業許可証の不掲示には罰則があり、30 万円以下の罰金です。額に入れるなどして掲示するよう申請者に伝えましょう。なお、原本の掲示が必要なのでコピーではダメです。

　管理者証については、管理者が常時携帯していなければならないというような決まりはないので、店で保管していても構いません。ただし、警察官立入りの際に管理者としての身分証明書を求められることもあるので、自宅に置きっぱなしというのは好ましくありません。

　また、浄化協会が行う管理者講習では、管理者証の提示が必要です。多くの管理者は財布に入れて保管していますが、それが最も実用的ではないかと思います。

·········· *Column* ··········

書くより測るほうが大変

　「図面が書けないから風営業務は無理」と言う人が多いです。ベテラン行政書士も同じことを言うので、新人ならなおさら難しく感じるかもしれません。

　でも本当に難しいのは、測ることのほうです。試しに自分の部屋を測ってみましょう。柱や梁以外にも、でこぼこしている部分がたくさんありますよね。ドアや窓は、壁とは厚みが違いますが、「その差は図面に反映すべき？」「壁の厚さってどうやって測ればいいの？」など、やってみると気づくことがたくさんあるはずです。

　そうやって測った数値をもとに図面を書くので、何を測るかどう測るかということが非常に大事です。また、測り忘れがあればその部分の図面は書けません。書くための準備として、測ることが正しくできないと困るのです。

　測る、書くというのは作業です。繰り返すことで作業は上達します。しかし、作業の前には必ず思考があります。何も考えずに取り掛かれば、すぐに行き詰まってしまうでしょう。常に「何のために、どう測るか」ということを意識すると、目的に合った図面を書けるようになるはずです。

第2章

特定遊興飲食店
営業許可申請

1　特定遊興飲食店とは

　特定遊興飲食店営業とは、平成 27 年の風営法改正により新しくできた許可営業種で、平成 28 年 6 月に施行されました。もともとは法 2 条 1 項 3 号にあったナイトクラブ等が風俗営業から抜けて特定遊興飲食店営業になったので、申請書類は風俗営業（第 1 章を参照）の許可申請と大変よく似ています。ですから、新しくできた許可申請だからといって、難しく考える必要はありません。

　ただし、営業ができる地域や保全対象施設は、社交飲食店と大きく異なります。多少複雑なしくみになっているので、丁寧に確認していきたいと思います。

（1）許可申請の 3 つのポイント

　特定遊興飲食店とは、簡単に言えば客に遊興させる飲食店のことです。ただし、遊興させる飲食店すべてが特定遊興飲食店になるわけではありません。また、すべての店が許可を得なければ客に遊興させられないわけでもありません。

　特定遊興飲食店になるには、以下の 3 つのポイントがあり、すべてを満たす場合にのみ、特定遊興飲食店営業となり許可が必要になります。

　①　深夜 0 時以降 6 時まで客に酒類を提供する[※]
　②　深夜 0 時以降 6 時まで客に遊興させる[※]
　③　客室の照度が 10 ルクスを超える

　※　ただし、東京都の条例では午前 5 時から午前 6 時までの間、特定遊興飲食店は営業できません。

　つまり、特定遊興飲食店とは、深夜に客に遊興させ、かつ酒類の

提供がある飲食店ということになります。仮に深夜0時までに営業が終わる店であれば、酒類を提供して客に遊興させても特定遊興飲食店営業の許可を得る必要はないのです。

したがって、社交飲食店でも午前0時までは遊興させることができます。また、深夜に遊興をさせても、酒類の提供がなければ許可は不要です。

③は、客室の照度が10ルクス以下になると風営法の「低照度飲食店」に該当するため、このような規定があります。つまり、特定遊興飲食店の営業許可が欲しければ、客室の照度は10ルクスを超えるよう照明設備を設置する必要があります。

この3つの基準のうち、もっとも解釈が必要なのが「遊興させる」という部分です。

（2）遊興させるとは

社交飲食店営業では何が接待にあたるかが重要なポイントでしたが、特定遊興飲食店営業では遊興をさせるかどうかが重要なポイントになります。では、遊興させるとはどのような行為でしょうか。

① 店側が積極的に遊ばせる

「遊興させる」とは、遊び興じさせることで、その内容はショーを見せること、ダンスさせる（場所や環境を提供する）こと、ゲームを競うことなど広範囲にわたります。

遊興の内容にかかわらず、店側が積極的に客に勧めたり盛り上げてその気にさせたりすることを「遊興させる」といいます。

② 具体的な遊興内容

遊興の範囲はとても広いのですが、どのような行為が遊興させることに該当するのか、警察庁が解釈運用基準の中でその判断基準と類型を示しているので、その抜粋は次ページのとおりです。

i　観賞型サービス

　ショー等を鑑賞するよう客に勧める行為、実演者が客の反応に対応し得る状態で演奏・演技を行う行為等は、積極的な行為に当たる。これに対して、単にテレビの映像や録音された音楽を流すような場合は、積極的な行為には当たらない。

ii　参加型のサービス

　遊戯等を行うよう客に勧める行為、遊戯等を盛り上げるための言動や演出を行う行為等は、積極的な行為に当たる。

　これに対して、客が自ら遊戯を希望した場合に限ってこれを行わせるとともに、客の遊戯に対して営業者側が何らの反応も行わないような場合は、積極的な行為には当たらない。

［遊興の具体例］

① 不特定の客にショー、ダンス、演芸その他の興行等を見せる行為
② 不特定の客に歌手がその場で歌う歌、バンドの生演奏等を聴かせる行為
③ 客にダンスをさせる場所を設けるとともに、音楽や照明の演出等を行い、不特定の客にダンスをさせる行為
④ のど自慢大会等の遊戯、ゲーム、競技等に不特定の客を参加させる行為
⑤ カラオケ装置を設けるとともに、不特定の客に歌うことを勧奨し、不特定の客の歌に合わせて照明の演出、合いの手等を行い、または不特定の客の歌を褒めはやす行為
⑥ バー等でスポーツ等の映像を不特定の客に見せるとともに、客に呼び掛けて応援等に参加させる行為

　ライブハウスやダンスショーなどの営業を「鑑賞型」、ダンスをさせたりゲームに参加させる営業を「参加型」といいます。これだ

けを見ると、ほとんどの行為が遊興させるに該当してしまいそうですが、店側の積極的な行為がなければそもそも遊興させるとはいえないため、

- 飲食店で客がカラオケをするために従業員が機械を操作し、マイクを渡す
- スポーツバーなどでスポーツの映像をただ映している
- ダーツバーで客が自主的にダーツを楽しむ

などは、遊興させることにはあたりません。

◎特定遊興飲食店チェックシート

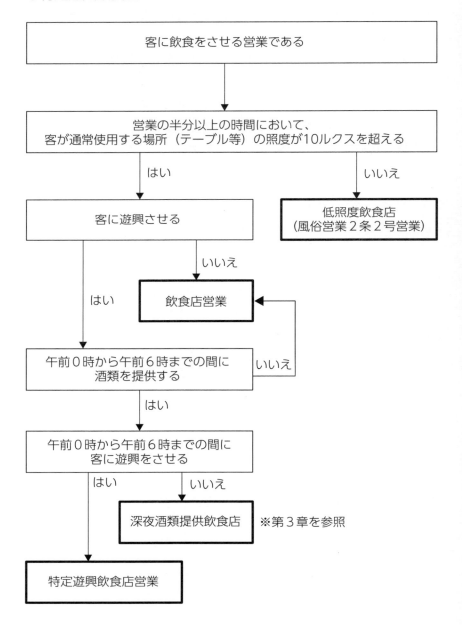

客に飲食をさせる営業である

営業の半分以上の時間において、
客が通常使用する場所（テーブル等）の照度が10ルクスを超える

はい　　　　　　　いいえ

客に遊興させる

低照度飲食店
（風俗営業2条2号営業）

いいえ

飲食店営業

はい

午前0時から午前6時までの間に
酒類を提供する

いいえ

はい

午前0時から午前6時までの間に
客に遊興をさせる

はい　　　　いいえ

深夜酒類提供飲食店　※第3章を参照

特定遊興飲食店営業

（3）　社交飲食店か特定遊興飲食店か

特定遊興飲食店と社交飲食店はもともと風俗営業の一種であったため、どちらを選択するか迷うお客様も少なくありません。

例えば、「お酒を出して、お客様とダンスをしたい」という相談があったら、どちらの営業許可を取るべきでしょうか。次の2つのポイントに基づいて考えるとわかりやすいと思います。

i　営業の内容で分ける

「お客様とダンスをしたい」とは、チークダンスなど客に密着したり近接して踊ることを意味するのであれば、それは接待にあたります。また、接待行為をするには社交飲食店の許可が必要です。

社交飲食店でも午前0時までは遊興させることができますが、特定遊興飲食店で接待行為をすることは、時間帯にかかわらずできません。

ii　営業時間で分ける

営業したい時間帯が深夜帯であれば、特定遊興飲食店となります。社交飲食店は原則午前0時まで（延長可能な地域であれば午前1時まで）しか営業できないからです。

このように、どちらかの営業しか選べないのが原則です。ただし、深夜帯以外の時間に風俗営業を営み、営業の継続性を完全に断ったうえで、深夜帯は特定遊興飲食店を営むことは可能とされています（同一の営業所について2つの許可を取ることができるということ、いわゆる「二毛作」）。

二毛作を希望するのであれば、所轄警察署の担当者と事前にしっかり相談することが大事です。どちらの許可も取っているからといって、深夜帯に接待行為を行うことは違法です。安易に営業時間の延長だととらえることがないよう、しっかり理解したうえで行うよう指導しましょう。

◎特定遊興飲食店営業許可申請の流れ

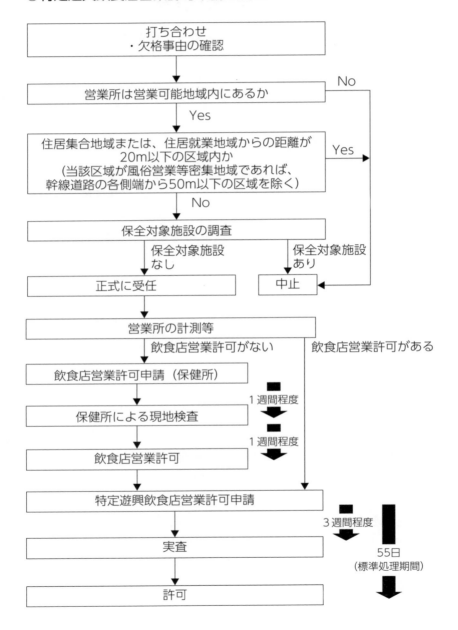

2　許可要件と欠格事由

　基本の考え方は、社交飲食店の営業許可申請（第1章）と同様です。ただし、一部大きく異なる部分もあります。このパートでは、主に特定遊興飲食店営業許可申請特有の許可要件等について、解説します。

（1）欠格事由

　欠格事由は、第1章の社交飲食店と同じです。申請者、管理者について欠格事由に該当すれば許可されません。申請者が法人の場合は、役員（社外役員を除く）全員について欠格事由非該当でなければなりません。

　また、申請者・管理者が外国人の場合も、社交飲食店と同様に在留資格の制限があります。

（2）許可要件①営業可能地域

①　営業可能地域

　社交飲食店は、営業できない用途地域が定められていましたが、特定遊興飲食店は、営業できる地域が具体的に定められています。それ以外の地域では、営業できないので注意が必要です。
東京都内の営業可能地域は、次のいずれかです。条例で定められているので、他府県の営業可能地域を確認するには、該当する条例を調べてください。

　　i　東京都公安委員会規則4条により東京都公安委員会が公示する地域（風俗営業の営業時間許容地域（巻末資料参照）と一致）

　ii　近隣商業地域のうち、港区六本木４丁目から７丁目までの地域

　iii　東京湾の一部

　iv　ホテル・旅館内（後述）

　社交飲食店に比べて営業可能地域がかなり限られるので注意が必要です。例えば、営業所が商業地域にあっても、上記 i の地域にあてはまらなければ許可されません。ここを間違える行政書士が多いようなので、真っ先に確認してください。

　さらに、上記営業可能地域内であっても、住居集合地域または住居就業地域からの距離が 20m 以下の区域（当該区域が風俗営業等密集地域であれば、幹線道路の各側端から 50m 以下の区域を除く）は、営業が許可されません。なお、幹線道路とは、国道と都道をいいます。

◎営業可能な地域

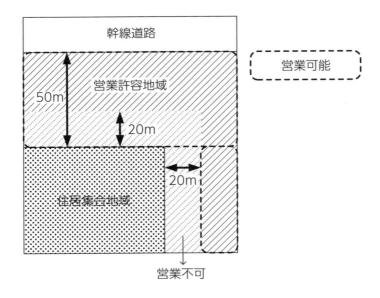

②　ホテル・旅館での営業

　ホテル・旅館が以下の要件を満たすときは、当該ホテル等の中で特定遊興飲食店営業をすることができます。この場合、用途地域や東京都公安委員会告示地域は関係ありません。

　i　同一階の他の区域、直上・直下の部分をホテル等営業者または風俗営業者、特定遊興飲食店営業者もしくは深夜における酒類提供飲食店営業者もしくは興業営業者が管理していること

　ii　バルコニーを設置する場合は、バルコニーに通じる出入口に二重扉を設けること

　iii　非常の場合を除き、ホテル等営業者が管理する部分を通じてのみ客が営業所に出入りできる構造であること

　iv　ホテル等営業者が営業所への客の出入りを適切に管理できること

　v　営業所が設けられるホテル等の施設が店舗型性風俗特殊営業（ラブホテル、モーテル等）の用に供されないこと

（3）許可要件②保全対象施設

　保全対象施設とその距離制限は、社交飲食店の場合と異なります。規定距離内に保全対象施設があれば許可されないのは、社交飲食店の場合と同じです。

①　保全対象施設と距離制限

　社交飲食店と比べると、学校、図書館が保全対象施設に含まれていません。また、営業所が近隣商業地域にあるときは、すべての保全対象施設から100m以上離れなければならない点が社交飲食店の場合と大きく異なります。

◎営業所が商業地域に位置する場合

保全対象施設	規定距離
児童福祉法第7条1項に規定する乳児院、母子生活支援施設、児童養護施設、障害児入所施設、情緒障害児短期治療施設、児童自立支援施設並びに保育所及び幼保連携型認定こども園（午前0時から午前6時までの時間において同法第4条第1項に規定する児童が利用することのできる施設に限る）	50m 以上
病院及び診療所（8人以上の患者を入院させるための施設を有するものに限る）※第1種助産院は病院に含まれる	20m 以上
第2種助産施設及び上記診療所以外の診療所（入院設備を有する者に限る）	10m 以上

※　これらの用に供することが決定した土地も含む
※　保育所は認可保育所のみが対象

◎営業所が近隣商業地域に位置する場合

保全対象施設	規定距離
児童福祉法第7条1項に規定する乳児院、母子生活支援施設、児童養護施設、障害児入所施設、情緒障害児短期治療施設、児童自立支援施設並びに保育所及び幼保連携型認定こども園（午前0時から午前6時までの時間において同法第4条第1項に規定する児童が利用することのできる施設に限る）	100m 以上
病院及び診療所（8人以上の患者を入院させるための施設を有するものに限る）	100m 以上
第2種助産施設及び上記診療所以外の診療所（入院設備を有する者に限る）	100m 以上

※　これらの用に供することが決定した土地も含む
※　保育所は認可保育所のみが対象

（4）許可要件③営業所の設備

①　客室面積が33㎡以上であること

　特定遊興飲食店は、客室の面積が33㎡以上でなければ許可されません。客室が1室であってもこの要件を満たさなければならない点で、社交飲食店と異なります。

　つまり、特定遊興飲食店の許可が欲しいという相談が来たら、この客室面積の規定を満たすことができるか確認が必要です。その際に、ショーステージやDJブースなど、客室面積に含めることができない部分について理解していなければなりません。102ページ第1章4（3）をよく復習してください。

②　その他の設備要件

　社交飲食店と同様に、様々な決まりがあります。前述の客室面積の要件も含めて一覧にします。なお、照度については後述します。

・客室の床面積が33㎡以上であること
・客室に見通しを妨げる設備を設けないこと
・善良の風俗もしくは清浄の風俗環境を害し、または少年の健全な育成に障害を及ぼす恐れのある写真、広告物、装飾その他の設備を設けないこと
・客室の出入口に施錠の設備を設けないこと。ただし、営業所外に直接通ずる客室の出入口については、この限りでない
・規則95条（風俗営業等の規制及び業務の適正化等に関する法律施行規則）に定めるところにより測った営業所内の照度が10ルクス以下とならないように維持されるため必要な構造又は設備を有すること
・規則32条に定めるところにより測った騒音または振動の数値が法31条の23において準用する法15条の規定に基づく条例で定める数値（次ページ）に満たないように維持されるため必要な構造または設備を有すること

社交飲食店と大きく異なる点は、客室面積と外部からの見通しについての制限がない点です。つまり、ガラス壁、ガラスドア等も可能です。

◎条例（特定遊興飲食店に関する部分のみ抜粋）

地　域	時間帯	数　値
近隣商業地域、商業地域、準工業地域、工業地域及び工業専用地域（第1種文教地区に該当する部分を除く）	午前6時～午前8時前	50デシベル
	午前8時～午後6時前	60デシベル
	午後6時～翌日の午前0時	50デシベル
	午前0時～午前6時	50デシベル

（5）許可要件④照度は10ルクス以上

営業所内の照度が10ルクス以下とならないように維持しなければなりません。

特定遊興飲食店と一言でいっても、参加型と鑑賞型では設備が大きく異なるため、どこで測るかによって照度が大きく変わってきます。そのため、照度を計測する場所・位置が決まっています。私たち行政書士も、設備の確認とともにあらかじめ照度を確認する必要があるので、計測場所を正しく理解しておきましょう。

①　基本の計測場所

観賞型、参加型ともに照度計測の場所は規則95条で次のように定められています。テーブルやカウンターがあるかどうかによって計測場所が変わってきます。一般的に、テーブル、カウンター上面で測るほうが有利です。テーブルも椅子もない場合は床面で測るので、注意しないと照度が足りないことがあります。

i　客席に食卓その他の飲食物を置く設備がある場合

当該設備の上面および当該上面の高さにおける客の通常利用する部分

ii 前号に掲げる場合以外の場合

ア 椅子がある客席にあっては、椅子の座面および当該座面の高さにおける客の通常利用する部分

イ 椅子がない客席にあっては、客の通常利用する場所における床面（畳またはこれに準ずるものが敷かれている場合にあっては、その表面）

② 各タイプの計測場所

i 観賞型の照度計測

ショーパブなど観賞型の店舗は飲食用客席と客席で照度を測ります（次ページ図Ⅰ）。営業時間の半分以上を10ルクス超にする必要があります。つまり、ショーの演出上、10ルクス以下になることがあっても、営業時間の半分以上が10ルクス超であればよいという考え方です。

ii 参加型の照度計測

クラブなど参加型の店舗では、飲食用客席の面積が客室面積の5分の1超であれば、飲食用客席で照度を測ります（次ページ図Ⅱ）。飲食用客席の面積が客室面積の5分の1以下であれば、飲食用客席および遊興させる場所でも照度を測定し、その両方が10ルクス超でなければなりません（次ページ図Ⅲ）。

遊興させる場所とは、例えばクラブの場合は、ダンススペースの床です。前述のとおり、床面はテーブル面に比べるとかなり暗くなっているので照度に注意が必要です。

◎照度測定位置

図Ⅰ 観賞型の店舗

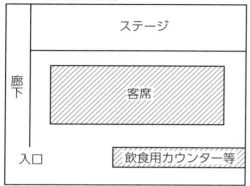

図Ⅱ 参加型の店舗

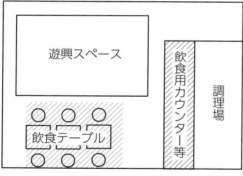

図Ⅲ 参加型

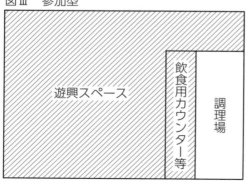

3　書類作成と申請

　本パートでは、特定遊興飲食店営業許可申請のための書類作成について具体的に解説します。基本は社交飲食店の申請書類と同じなので、わからなくなったときは第1章を復習してみてください。

（1）営業所を中心とした半径100m略図作成のポイント

　基本は第1章の社交飲食店の略図と同じですが、特定遊興飲食店の場合、営業可能地域内であっても住居集合地域または住居集合地域からの距離が20m以下の区域（当該区域が風俗営業等密集地域であれば幹線道路の各側端から50m以下の区域を除く）は、営業が許可されないというのが特徴です（以下、前述のカッコ内の区域を「例外的に営業できる区域」という）。

　例外的に営業できる区域に営業所が位置するときは、そのことがわかりやすいように概略図を作ることが大切です。例えば、次ページの図には、幹線道路であることがわかるよう「東京都道412号線」という記載を入れています。

　意外に思うかもしれませんが、六本木周辺は住居集合地域が商業地域に食い込んでいて、上記に該当する場所がたくさんあります。「繁華街だから」と油断せずに、しっかり調べたうえで概略図を作成するようにしましょう。

◎営業所を中心とした半径 100m 略図　1/1000m

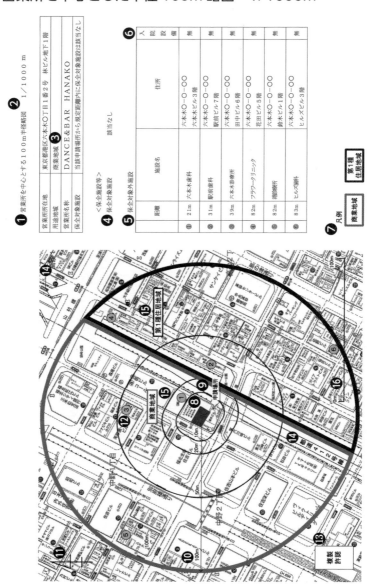

① 営業所所在地	東京都港区六本木OT目１番２号　林ビル地下１階
用途地域	商業地域
③ 営業所名称	DANCE&BAR HANAKO
保全対象施設	当該申請場所から規定距離内に保全対象施設は該当なし

② 営業所を中心とする100m半径略図　1/1000m

＜保全施設等＞

④	保全対象施設	該当なし

⑤ 保全対象外施設

距離	施設名	住所	⑥ 入院施設の有無
① 21m	六本木歯科	六本木〇-〇-〇〇	無
② 31m	駅前歯科	六本木〇-〇-〇〇 駅前ビル７階	無
③ 39m	六本木診療所	六本木〇-〇-〇〇 田中ビル６階	無
④ 82m	フラワークリニック	六本木〇-〇-〇〇 花田ビル５階	無
⑤ 82m	港診療所	六本木〇-〇-〇〇 鈴木ビル１階	無
⑥ 83m	ヒルズ眼科	六本木〇-〇-〇〇 ヒルズビル３階	無

⑦ 凡例　　第１種住居地域　　商業地域

※　例はサンプル地図を使用しているため、実際の住所、用途地域
　　および保全対象施設例の住所とは異なります。

【解　説】

❶　書類のタイトルを記載します。

❷　縮尺は 1000 分の 1 とします。

❸　申請店舗が位置する用途地域を記載します。

❹❺　保全対象施設と保全対象外施設に分けて記載します。

❻　入床設備（入院設備、ベッドの数のこと）の有無、数を記載します。

❼　用途地域ごとの色分けの凡例を付けます。

❽　申請店舗はわかりやすいように赤で塗ります。

❾　「申請場所」「申請店舗」等を記載します。

❿　10m、20m、50m、100m のラインにそれぞれ距離を記載します。

⓫　北を示す方位マークを記載します。

⓬　保全対象施設等の場所に番号を付けます。地図上の番号と左側の詳細一覧の数字を一致させます。

⓭　株式会社ゼンリンの「複製許諾証」を貼ります。

⓮　営業所が第 1 種住居地域から 20m 以内に位置するため、幹線道路（都道 412 号線）から 50m 以内であることを示すために記載します。

⓯　用途地域を記載します。

⓰　スケールを表示します。1 ／ 1000m なので、10cm が 100m に該当するはずです。

（2）平面図、各求積図、音響・照明設備図等作成のポイント

①　平面図作成のポイント

　社交飲食店の場合と同様に作成します。ただ、特定遊興飲食店は面積が広いことが多いので、縮尺や用紙サイズを工夫したほうがよいでしょう。無理にＡ４サイズに収めようとせず、Ａ３サイズで作るほうが確認も楽です。

　客室に含めるもの、含めないものの判断を的確に図面で表すことが大事です。なおかつ、客室のうち飲食のための客席（客席を設けない場合は飲食のための部分）の範囲がわかりやすいよう意識しつつ作成してください。なぜなら、照度計測の場所に影響があるからです（詳しくは195ページ参照）。飲食用客席については、求積図を別途作成するので、②で解説します。

【解　説】（次ページの平面図例の解説）
❶　図面のタイトルと縮尺（1／50、1／100など）を記載します。
❷〜❹　営業所(青)、客室(赤)、調理場(緑)をそれぞれ線で囲みます。
❺　カウンター、衝立、飾棚等は高さを記載します。客室の見通しを妨げる設備（おおむね100cmを超えるもの）がないか注意します。
❻　営業所の入り口を明記します。
❼　凡例と図中の該当する家具等の数が一致しているか注意します。
❽❾　家具等は、上から見た寸法（テーブルなら天板の寸法）、横から見たときの高さを記載します。
❿　どこに何がいくつあるかを記載します。
⓫　客室内の2か所について寸法を記載します。いずれも縦・横で最も広い部分について記載します。
⓬⓭　DJブース、ステージなど客が飲食・遊興のために使用しない部分は客室に含めません。

◎平面図例

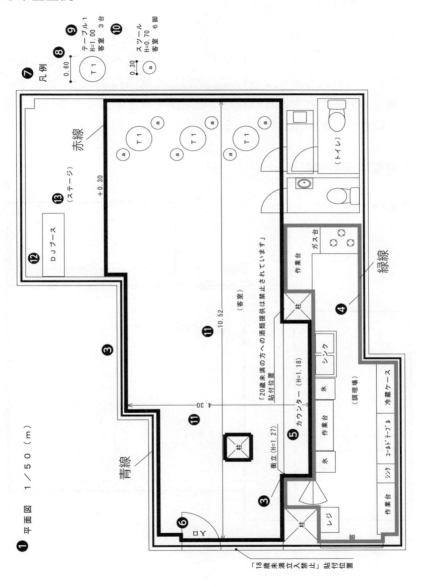

1 平面図　1／50（m）

7 凡例

8 0.60

9 テーブル1　H=1.00　客室　3台　Ⓣ1

10 スツール　H=0.70　客室　6脚　0.30　ⓐ

3 赤線

13 （ステージ）　+0.30

12 DJブース

3 青線

11 （客室）　10.52

11 4.30

5 カウンター（H=1.18）
「20歳未満の方への酒類提供は禁止されています」貼付位置

衝立（H=1.27）

6 ロビー（入口）

3 柱

4 緑線

ガス台

作業台　柱

シンク

（調理場）　冷蔵ケース

水　作業台　水　作業台　シンク　コールドテーブル　レジ　柱　窓

「18歳未満立入禁止」貼付位置

（トイレ）

②　各求積図作成のポイント

i　営業所求積図

　社交飲食店の場合と同様です。ただ、面積が広くなると求積のための計算式も多くなるので、余白に求積図に計算式と面積を記載する方法だと書ききれないことも出てきます。その場合は求積一覧を作って別紙添付にしましょう。

◎営業所求積図例

❶ 営 業 所 求 積 図　1／50（m）

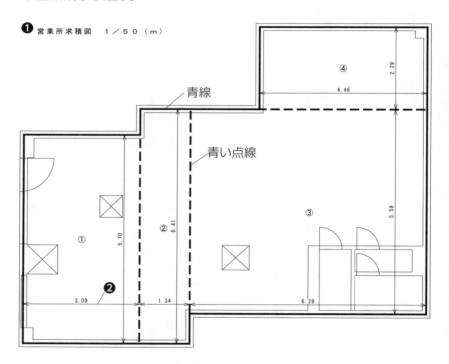

【解　説】

❶　図面のタイトルと、縮尺（1／50、1／100など）を記載します。

❷　営業所の寸法は、壁芯から測ります。

面積を計算するため、図のように営業所を適宜青の点線で区画します。決まりがあるわけではありませんが、筆者は営業所の範囲を青の実線で囲うので区画は青の点線にしています。客室等求積図についても、同様に区画して面積を計算します。

ii　客室等求積図作成のポイント

参加型の場合、飲食用客席の面積が客室面積全体の5分の1より多ければ、照度の計測は飲食用客席のみで行えばよいとされています。これが5分の1以下になると、遊興スペースも10ルクス超を維持しなければならなくなります。通常、遊興スペースにはテーブル等がないので、床で照度を測ることになり、かなり不利になります。

したがって、参加型の店舗であれば飲食用客席面積の占める割合が重要になります。テーブルごと、椅子ごとに面積を計算する必要はありません。ある程度の範囲を区切って、「飲食用客席」「遊興スペース」等、区別して求積できることが望ましいです。

筆者は、別紙として「飲食用客席求積図」を作って添付しています。

◎客室等求積図例

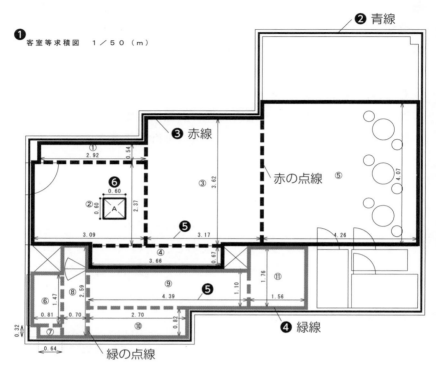

❶ 客室等求積図　1／50（m）

❷ 青線

❸ 赤線

❸ 赤の点線

❺

❹ 緑線

緑の点線

【解　説】

❶　図面のタイトルと、縮尺（1／50、1／100 など）を記載します。

❷～❹　営業所（青）、客室（赤）、調理場（緑）をそれぞれ線で囲みます。

❺　客室、調理場の寸法は内壁から測ります。

❻　控除する部分（柱等）の寸法も記載します。

◎飲食用客席求積図例

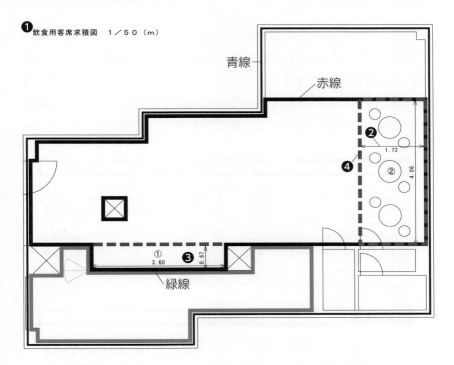

❶飲食用客席求積図　1／50（m）

【解　説】

❶　図面のタイトルと、縮尺（1／50、1／100 など）を記載します。

❷　客室面積と同様、内壁等から測ります。

❸　飲食用客席とは、飲食のためのカウンター、椅子・テーブル、ソファー席などをいいます。ダンスフロアなど、飲食しない部分は含まれません。

❹　わかりやすいように営業所（青）、客室（赤）、調理場（緑）以外の色の点線で囲うとよいです。

③求積一覧作成のポイント

　求積一覧の基本ルールは社交飲食店と同じです（128 ～ 131 ペー
ジ参照）。特定遊興に特有なのは、参加型の店舗の場合、客室面積
における飲食用客席面積の割合が５分の１を超えるかどうかで、照
度の測定場所が変わる点です。そのため、下図のように飲食用客席
面積の割合を求積一覧に明記するとわかりやすいです。

Ⅱ 客室		（①～⑤合計）－A				39. 81㎡
	①	2.92	×	0.54	=	1.5768
	②	3.09	×	2.37	=	7.3233
	③	3.17	×	3.62	=	11.4754
	④	3.66	×	0.67	=	2.4522
	⑤	4.26	×	4.07	=	17.3382
小計						40.1659
控除						
	A	0.60	×	0.60	=	0.3600
合計						39.8059

飲食用客席		（①～②合計）				9. 40㎡
	①	3.60	×	0.67	=	2.4120
	②	1.72	×	4.06	=	6.9832
						9.3952

　※　客室面積 39.81㎡ × 1/5 ＝ 7.96㎡。したがって、飲食用客席面
　　積は客室面積の 1/5 を超えています。

Column

迷ったときには「解釈運用基準」

　調査や申請で迷ったら、ひとまず「解釈運用基準」（風俗営業等の規制及び業務の適正化等に関する法律等の解釈運用基準）を読みこみましょう。

　解釈運用基準には、法律や条例には書いていないような細かいことまで、その解釈と運用の基準が記載されています。これを読めばたいていの疑問は解決するはずです。ネットで検索するとPDFが閲覧できます。印刷して、よく読むところをマーキングしておくと便利です。

　なお、添付書類は添付書類等に関する内閣府令を見ればわかります。筆者は、法律、条令、規則、府令、解釈運用基準を1冊にまとめた法令集を愛用しています。調べるだけでなく所轄担当者と相談が必要な際にも、該当箇所を示せるように持っていきます。あれば心強い武器になりますよ。

④　音響・照明設備図作成のポイント

　特定遊興飲食店は、照明と音響設備が多種多様なうえ、設置数も多いです。用途がわからない、見たことがない設備があれば内装会社やお客様に教えてもらうとよいでしょう。

　また、実査の際に確認がしやすいことを考えて、各機材の位置を示す記号は種類ごとに形を変えたり、色を変えたりするとわかりやすいです。決まりはないので、「A、B、C」や「①②③」という記号で表しても構いませんが、薄暗い店内だと見やすいとはいえません。

◎音響・照明設備図例

❶ 音響・照明設備図

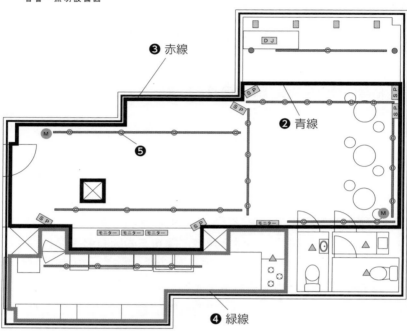

❸ 赤線
❷ 青線
❹ 緑線

❻ 音響・照明設備一覧

❼ 記号	**❽** 種類	**❾** W数	**❿** 客室	調理場	その他	**⓫** 合計
△	ダウンライト	LED 20W相当	−	1	3	4
◎	スポットライト	LED 20W相当	24	4	1	29
●	天吊 ビームライト	LED 20W相当	−	−	2	2
M	ミラーボール		2	−	−	2
▢	床置 ビームライト	LED 20W相当	−	−	4	4
モニター	モニター		4	−	−	4
SP	スピーカー	最大出力 150W	6	−	−	6
DJ	DJブース		−	−	1	1

【解　説】

❶　図面のタイトルを記載します。

❷〜❹　営業所（青）、客室（赤）、調理場（緑）をそれぞれ線で囲みます。

❺　照明、音響設備を図面上に記載します。位置が正しいかを確認します。

❻　照明、音響設備について一覧表を作ります。

❼　図中の凡例

❽　音響、照明の種類を記載します。

❾　音響、照明の仕様（ワット数など）を記載します。

❿　客室、調理場、その他（客室でも調理場でもない部分。入口、トイレなど）に分けて、音響、照明設備の数を記載します。

⓫　❿で記載した合計数を記載します。

⑤　1階概略図、入居階概略図、入居概況一覧図の作成ポイント

概略図は、はじめて営業所に来る人が迷わずたどり着けることをイメージして作りましょう。特に実査時にはまだ看板ができていないことが多いので、この概略図が案内図になります。

ビル内にフロア図や避難経路図画掲示してあれば、それを参考にして作ると楽です。

◎1階・入居階概略図例

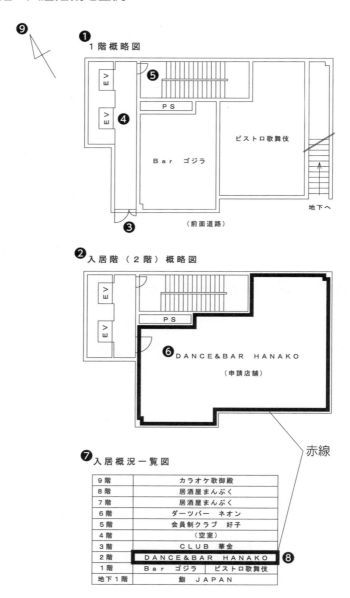

❶ 1階概略図

❺

EV

❹ EV

PS

Ｂａｒ　ゴジラ

ビストロ歌舞伎

地下へ

❸

（前面道路）

❾

❷ 入居階（2階）概略図

EV

EV

PS

❻ ＤＡＮＣＥ＆ＢＡＲ　ＨＡＮＡＫＯ

（申請店舗）

赤線

❼ 入居概況一覧図

9階	カラオケ歌御殿	
8階	居酒屋まんぷく	
7階	居酒屋まんぷく	
6階	ダーツバー　ネオン	
5階	会員制クラブ　好子	
4階	（空室）	
3階	ＣＬＵＢ　華金	
2階	ＤＡＮＣＥ＆ＢＡＲ　ＨＡＮＡＫＯ	
1階	Ｂａｒ　ゴジラ	ビストロ歌舞伎
地下1階	鮨　ＪＡＰＡＮ	

❽

【解　説】

❶❷　建物一階、入居階の概略図を描きます。

❸❹❺　建物の入り口、エレベーター、階段等の位置をわかりやすく書きます。

❻　申請店舗部分を赤で囲み、店名と「申請店舗」「申請地」「申請部分」等、申請する営業所であることがわかるよう明記します。

❼　入居概況一覧図をまとめても構いません。

❽　申請店舗の部分を赤く囲み、「申請店舗」等記載するなどして、わかりやすいよう意識します。

❾　北を示す方位マークを記載します。

（3）申請書類作成のポイント

◎申請書類一覧

●…行政書士が用意・作成する書類　　○…申請者に用意してもらう書類
◎…役所に請求する書類

書　類		備　考
許可申請書（その1）	●	216〜219ページ参照
許可申請書（その2）	●	220〜221ページ参照
営業の方法	●	222〜224ページ参照
料金表、メニュー案	●	申請者が用意しているものがあれば、コピーして添付してもよい
営業所周辺の概略図	●	197〜199ページ参照
使用承諾書	●	所有者に捺印してもらう。230〜231ページ参照
建物の全部事項証明書	◎	96ページ参照
物件契約書のコピー	○	添付不要な場合もある
入居概況一覧	●	209〜211ページ参照
1階概略図	●	209〜211ページ参照
入居階概略図	●	209〜211ページ参照
平面図	●	200〜201ページ参照
求積一覧	●	206ページ参照
営業所求積図	●	202〜203ページ参照

書　類		備　考
客室等求積図	●	203 〜 205 ページ参照。
音響・照明設備図	●	207 〜 209 ページ参照。
定款のコピー	○	法人の場合のみ、末尾に「当社現在定款の写しに相違ありません」と記載する（86 ページ参照）
履歴事項全部証明書	◎	法人の場合のみ、現況をすべて反映しているもので、申請前３か月以内のもの
住民票 （申請者、管理者）	◎	本籍を記載する。法人の場合は社外役員を除く全役員分必要。申請前３か月以内のもの
身分証明書 （申請者、管理者）	◎	外国人は不要。法人の場合は全役員分必要。申請前３か月以内のもの
在留カードのコピー	○	裏、表とも。外国人の場合提出
誓約書（個人）	●	226 ページ参照。
誓約書（法人）	●	法人の場合、社外役員を除く全役員の誓約書が必要。227 ページ参照
誓約書（管理者１）	●	228 ページ参照。
誓約書（管理者２）	●	229 ページ参照。
飲食店営業許可証のコピー	○	すでに許可があれば、コピーをもらう
管理者の顔写真	○	3.0cm× 2.4cm× 2枚 申請前６か月以内のもの。裏面に氏名、撮影年月日、店名を記載する
委任状	●	233 ページ参照。

①　基本のルール

　申請書が社交飲食店の許可申請書とは異なるので注意してください。契約書を除き添付書類は一緒です（84 ページ参照）。基本のルールをおさらいします。

i　Ａ４サイズで統一する

　申請書のほか、作成する書類のサイズはＡ４です。添付書類もＡ４サイズに統一することが原則です。ただし、図面については

無理にＡ４サイズに縮小する必要はなく、Ａ３サイズでも構いません。

ii　押印廃止

押印は原則不要になりました。ただし、一部押印することが望ましい、もしくは押印がなければ署名してほしいという書類もあります。

［押印することが望ましい書類］

・使用承諾書…申請者ではなく第三者の証明書のため

・誓約書…記名だけでは本当に申請者や管理者が誓約したのかわからないため

・委任状

［押印がない場合、署名することが望ましい書類］

・誓約書…理由は上記と同じ

なお、行政書士は作成した書類に記名・押印しなければならない（行政書士法施行規則９条２項）ので、職印の押印はこれまで同様必要です。

iii　修正液や修正テープは使用しない

申請書等の記載に誤りがあれば、二重線で消してそばに正しい記載をします。訂正印はなくても構いません（申請者の押印が廃止されたため）。訂正方法は図面についても同様です。

iv　法定様式を改変しない

許可申請書は「別記様式第40号」、営業の方法は「別記様式第41号」という法定様式です。これらの様式を改変してしまうと申請が受理されないことがあります。

様式は、警視庁のホームページからダウンロードできます。PDF 形式と Word 形式のものがあります。Word 形式のものは編集できるので、うっかり必要な行を削除したり文字を消してしまったりしないように注意してください。

②　申請書（その1）作成のポイント

　申請書（その1）は、申請者の情報と営業所の情報を記載する法定様式です。住民票や履歴事項全部証明書、賃貸借契約書のコピーなどを用意してから作成するとスムーズに進められます。

　作成のポイントは社交飲食店の場合と同様です。以下、簡単にまとめますので、詳細は第1章を参照してください。

　　i　申請者住所は住民票（法人は履歴事項全部証明書）のとおりに記載する

　　ii　申請者氏名は住民票（法人は履歴事項全部証明書）のとおりに記載する

　　iii　営業所所在地は飲食店営業許可証と合わせる

　　iv　申請者の捺印は不要

　　v　日付は空欄のままにする

　申請日付は、申請当日、書類のチェックを受けてから記載します。あらかじめ記載しておいて、当日受理されないと修正が必要になるからです。

Column

正しく怖がる

　「風営業務は怖い」という声をよく聞きます。筆者が新人だった頃から変わらず聞くので、いまだにそう考えている人が多いのでしょう。

　確かに、損害賠償や知らないうちに違法・脱法行為の片棒を担がされるなどのリスクがないとはいえません。しかし、筆者が本当に怖いと思うのは「慣れ」です。

　違法・脱法行為について「周りの仲間もやってるから大丈夫ですよね」「この程度だったらバレませんよね？」とお客様に聞かれたときに、はっきりと「ダメ」と言えるでしょうか。なんとなく夜の業界に馴染んできて、お客様とも距離が近くなると気軽に「そうですね」などと言ってしまいがちです。

　しかし、それがもとでお客様は行政処分を受けることもあります。行政処分だけでは済まないことも少なくありません。ダメと言いにくいなら「私にはわかりません。警察に相談に行きましょう」と、一緒に相談に行けばよいのです。

　「慣れ」は保全対象施設の見落としや判断ミスにもつながります。慣れてしまうと、当たり前の確認を怠ったりします。その結果、多額の損害倍書責任を負うこともあります。自分をピンチに陥れるのは自分自身だと、緊張感を失わないようにしましょう。

◎許可申請書（その１）個人の記載例

別記様式第40号（第77条関係）

その１	※受理年月日		※許可年月日	
	※受理番号		※許可番号	

許　可　申　請　書

風俗営業等の規制及び業務の適正化等に関する法律第31条の23において準用する同法第5条第1項の規定により許可を申請します。

年　月　日

申請者の氏名又は名称及び住所

東京都公安委員会殿

東京都新宿区○○町１番２－３０１号
法令　花子

上記申請者代理人
東京都新宿区西新宿６丁目２番３－６０３号
シーズ行政書士事務所　特定行政書士　中村麻美　　職印

TEL/03-○○○○-○○○○　FAX/03-○○○○-○○○○

（ふりがな）	ほうれい　はなこ
氏名又は名称	法令　花子

住所	〒（１６２－００５５） 東京都新宿区○○町１番２－３０１号　（○○○）○○○○局○○○○番

（ふりがな）	だんすあんどばー　はなこ
営業所の名称	ＤＡＮＣＥ＆ＢＡＲ　ＨＡＮＡＫＯ

営業所の所在地	〒（１６０－００００） 東京都新宿区歌舞伎町３丁目４番５号　フラワービル２階 （０３）○○○○局○○○○番

（ふりがな）	ほうれい　たろう	選任状況	１．専任
管理者の氏名	法令　太郎		２．兼任

管理者の住所	〒（１７１－００××） 東京都豊島区○○町１０番１１号１２号　○○マンション１０１ （０９０）○○○○局○○○○番

（ふりがな） 法人にあつては、 その役員の氏名	法人にあつては、その役員の住所
代表者	

滅失により廃止した特定遊興飲食店営業	廃止の事由	廃止年月日	許可番号
		年　月　日	

現に特定遊興飲食店営業許可等を受けて営む特定遊興飲食店営業	許可年月日	年　月　日	許可番号	
	営業所の名称及び所在地			

216

日付は申請時に記入します。

住所は住民票のとおりに記載する。申請者の押印は不要です。

行政書士の住所、氏名を記入し、職印を押印します。

住民票のとおりに記載します。

原則として「専任」に○をします。
住民票のとおりに記載します。

申請に係る営業所以外で現に風俗営業許可等を受けて営んでいる特
定遊興飲食店営業のうち直近の日に許可を受けたものを記載します。

◎許可申請書（その１）法人の記載例

別記様式第40号（第77条関係）

その１	※ 受理 年月日		※ 許可 年月日	
	※ 受理 番号		※ 許可 番号	

許　可　申　請　書

　風俗営業等の規制及び業務の適正化等に関する法律第31条の23において準用する同法第５条第１項の規定により許可を申請します。

年　　月　　日

申請者の氏名又は名称及び住所

東京都公安委員会殿

東京都新宿区百人力町１番２　バッカスビル３階
　　株式会社ＨＲＩ　代表取締役　法令　太郎

上記申請者代理人
東京都新宿区西新宿６丁目２番３－６０３号
シーズ行政書士事務所　特定行政書士　中村麻美　［職印］

TEL/03-○○○○-○○○○　FAX/03-○○○○-○○○○

（ふりがな）	かぶしきがいしゃ　えいちあーるあい
氏 名 又 は 名 称	株式会社ＨＲＩ
住　　　　　　所	〒（１６０-○○○○）東京都新宿区百人力町１番２　バッカスビル３階（○○○）○○○○局○○○○番
（ふりがな）	くらぶ　はっぽんぎ
営 業 所 の 名 称	クラブ八本木
営 業 所 の 所 在 地	〒（１０６-○○○○）　東京都港区八本木○丁目１番２号　ゴールドビル地下１階（０３）○○○○局○○○○番

（ふりがな）	ぎょうせい　よしお	選 任	状 況	１．専任
管 理 者 の 氏 名	行政　良男			２．兼任

管 理 者 の 住 所	〒（１７１-○○○○）東京都豊島区○○町１０番１１号１２番　○○マンション１０１（○○○）○○○○局○○○○番
（ふりがな）法人にあつては、その役員の氏名	法 人 に あ つ て は 、 そ の 役 員 の 住 所

代表者	ほうれい　たろう代表取締役法令　太郎	〒（１６２-○○○○）東京都新宿区大久保７丁目○－２０３号
	ほうれい　つぎこ取締役法令　次子	〒（１６２-○○○○）東京都新宿区大久保７丁目○－２０３号
	ぎょうせい　よしお取締役行政　良男	〒（１７１-○○○○）東京都豊島区○○町１０番１１号１２番　○○マンション１０１（○○○）○○○○局○○○○番

滅失により廃止した特定遊興飲食店営業	廃 止 の 事 由	廃 止 年 月 日	許 可 番 号
		年　　月　　日	

現に特定遊興飲食店営業許可等を受けて営む特定遊興飲食店営業	許可年月日	年　　月　　日	許 可 番 号	
	営業所の名称及 び 所 在 地			

日付は申請時に記入します。

住所は履歴事項全部証明書のとおりに記載します。押印は不要です。

行政書士の住所、氏名を記入し、職印を押印します。

住所は履歴事項全部証明書のとおりに記載します。

原則として「専任」に○をします。

住民票のとおり記載します。

役員の肩書、氏名を記載します。

住民票のとおり記載します。

役員の住所を住民票のとおり記載します。

役員が４名以上になるときは、別紙に記載して添付します。

申請に係る営業所以外で現に風俗営業許可等を受けて営んでいる特定遊興飲食店営業のうち直近の日に許可を受けたものを記載します。

③　申請書（その２）の作成ポイント

　申請書（その２）は、営業所の面積や構造等を記載する法定様式です。求積図が完成してから作成に取り掛かるとスムーズです。

　また、建物の全部事項証明書から転記する内容もあるので（建物の構造欄）、筆者はすべての図面が完成して、各種証明書もそろってから作成しています。だいたい最後に作ることになります。

　記載例は、個人申請の申請書（その１）とセットになる例として作成しています。

◎許可申請書（その２）記載例

その２						
営業所の構造及び設備の概要	建 物 の 構 造	鉄骨鉄筋コンクリート造陸屋根地下１階付９階建				
	建 物 内 の 営 業 所 の 位 置	２階の全室	2階フロアを賃貸しているが、エレベーターホールなど共有部分が含まれる場合、「2階の全部」とせず、「2階の全室」と記載するとよいです。			
	客 室 数		１室	営業所の床面積		７１．５８㎡
	客室の総床面積	４０．１７㎡	各 客 室 の 床 面 積	４０．１７㎡		㎡
				㎡		㎡
	照 明 設 備	別添音響・照明設備図の通り	客室が2室以上ある場合、すべての客室が33㎡以上でなければいけません。			
	音 響 設 備	別添音響・照明設備図の通り				
	防 音 設 備	壁：石膏ボード下地クロス貼り、ドア：鉄製 床：石膏ボード下地長尺シート貼り、天井：コンクリート下地塗装仕上げ				
	そ の 他	営業所出入口は一箇所。位置は別添営業所平面図の通り。客室内には、見通しを妨げる仕切り等の設備はない 客室内には善良の風俗または清浄な風俗環境を害するおそれのある写真・広告等は掲示していない				
※	兼 業					
※	同 時 申 請 の 有 無	① 有 ② 無	※ 受理警察署長			
※ 条 件	年 月 日					
	年 月 日					
	年 月 日					

書ききれないものは別紙添付とします。

備考
1 ※印欄には、記載しないこと。
2 申請者は、氏名を記載し及び押印することに代えて、署名することができる。
3 「滅失により廃業した特定遊興飲食店営業」欄は、法第31条の23において準用する法第４条第３項の事由により消滅したために廃止した特定遊興飲食店営業に係る事項を記載すること。
4 「現に特定遊興飲食店営業許可等を受けて営む特定遊興飲食店営業」欄は、申請に係る営業所以外の営業所において当該申請に係る公安委員会から現に特定遊興飲食店営業許可等を受けて営んでいる特定遊興飲食店営業で、当該申請の日の直近の日に許可を受けたものについて記載すること。
5 「建物の構造」欄には、木造家屋にあっては平屋建て又は二階建て等の別を、木造以外の家屋にあっては鉄骨鉄筋コンクリート造、鉄筋コンクリート造、鉄骨造、れんが造又はコンクリートブロック造の別及び階数（地階を含む。）の別を記載すること。
6 「建物内の営業所の位置」欄には、営業所の位置する階の別及び当該階の全部又は一部の使用の別を記載すること。
7 「照明設備」欄には、照明設備の種類、仕様、基数、設置位置等を記載すること。
8 「音響設備」欄には、音響設備の種類、仕様、台数、設置位置等を記載すること。
9 「防音設備」欄には、防音設備の種類、仕様等を記載すること。
10 「その他」欄には、出入口の数、間仕切りの位置及び数、装飾その他の設備の概要等を記載すること。
11 所定の欄に記載し得ないときは、別紙に記載の上、これを添付すること。
12 用紙の大きさは、日本工業規格Ａ４とすること。

④　営業の方法（その１）の作成ポイント

　営業の方法は、営業時間や営業の具体的内容を記載する法定様式です。特定遊興飲食店営業許可申請の「営業の方法」は、その１のみです。

　「遊興の内容」がポイントになってくるので、具体的にどんな遊興を行わせるのかを、申請者にヒアリングしてから作成してください。その際、次の点に注意しながら話を引き出すとよいでしょう。

i　営業時間

　東京都の場合、特定遊興飲食店は午前５時から午前６時までは営業することができません。つまり、24時間通しの営業はできません。他府県ではそれぞれ条例によって営業時間が規制されています。

ii　18歳未満の者の立入り

　特定遊興飲食店は、午後10時から翌午前６時までの間に、18歳未満の者を客として立ち入らせることはできません。

　逆に言えば、午前６時から午後10時までは18歳未満の者でも店に立ち入ることはできます。ただし、酒類の提供は当然できないので、酒類を提供する店では十分注意が必要です。

iii　18歳未満の者の雇用

　客ではなく、従業員にも社交飲食店と同様に年齢による制限があります。特定遊興飲食店では、午後10時から翌午前６時までの間、18歳未満の者を客に接する業務に従事させることはできません。

　客に接する業務とは、接客のことです。つまり、バックヤード業務、調理など従事できる業務がかなり限られます。なお、労働基準法では、原則として午後10時から午前５時までの間、18歳未満の者を働かせることを禁止していますので注意してください。

18歳未満の者を雇用する際には、その仕事内容と勤務時間を具体的に記載します。例えば、「午後6時から午後10時までの間、調理場で調理を行う」などです。

iv 兼業の有無

兼業の有無には許可を要する業種との兼業を記載するので、社交飲食店との兼業があるかどうかということになります。

「風俗営業等の規制及び業務の適正化等に関する法律等の解釈運用基準」では、風俗営業と特定遊興飲食店営業の兼業は可能であるとしています。つまり、深夜0時（延長可能な地域であれば最長午前1時まで）は風俗営業店、その後いったん閉店して午前5時まで特定遊興飲食店の営業を行うことができるという意味です。

ただし、「営業の継続性を完全に断った上で」という条件が付くので、従業員も客もいったんすべて退出させ、従業員を客として残らせることも許されません。もちろん、会計もすべて終わらせなければなりません。設備的にも、風俗営業と特定遊興営業では接待ができる・できないの差があるため、切替えが必要なこともあると思います。

どうしても兼業したい場合は、事前に所轄警察署に相談に行くべきでしょう。申請者にも同行してもらい、どのようなリスクや制限があるかをしっかり理解してもらう必要があります。当然、風俗営業のなし崩し的な時間外営業になっていないか、立入り等で厳しくチェックされます。

◎営業の方法記載例

別記様式第41号（第77条関係）

その1

営 業 の 方 法

（特定遊興飲食店営業）

営業所の名称　**クラブ八本木**　｜申請書（その1）の記載内容と一致します。

営業所の所在地　東京都港区八本木○丁目1番2号　ゴールドビル地下1階

営 業 時 間	午前 午後　8時　00分から　　午後 午前　5時　00分まで

東京都の場合、午前5時〜午前6時までは営業ができません。

18歳未満の者を従業者として使用すること	①する　　②しない ①の場合：その者の従事する業務の内容（具体的に）
18歳未満の者を客として立ち入らせること	①する　　②しない ①の場合：午後10時以降翌日の午前0時前の時間において保護者が同伴しない18歳未満の者を客として立ち入らせることを防止する方法及び午前0時から午前6時までの時間において　18歳未満の者を客として立ち入らせることを防止する方法
18歳未満の者の立入禁止の表示方法	営業所入口ドアに「18歳未満の方の入場はお断りします」と書かれた札を掲示する。
飲食物の提供	提供する飲食物（酒類を除く。）の種類及び提供の方法 客の求めに応じて、別紙メニュー表の飲食物をカウンターで提供する。 提供する酒類の種類及び提供の方法 客の求めに応じて、別紙メニュー表の酒類をカウンターで提供する。 20歳未満の者への酒類の提供を防止する方法 客室内の見やすい場所に「20歳未満の方への酒類提供はお断りします」と書いた札を掲示するとともに、必要に応じて身分証明書等で年齢を確認する。
遊 興 の 内 容	DJブース、ショーステージを設けて音楽を演奏し、不特定多数の客にダンス等をさせる。
当該営業所において他の営業を兼業すること	①する　　②しない ①の場合：当該兼業する営業の内容

具体的に記載します。

備考

1　「提供する飲食物（酒類を除く。）の種類及び提供の方法」欄には、営業において提供する飲食物（酒類を除く。）のうち主なものの種類及びその提供の方法（調理の有無、給仕の

6　用紙の大きさは、日本工業規格A4とすること。

⑤　料金表作成のポイント

　営業の方法に飲食物の提供方法について記載する欄があります
が、書ききれない場合は別紙としてメニュー表を添付します。申請
者がすでにメニュー表などを作っていれば、コピーして添付して構
いません。なければ、社交飲食店の場合と同様に以下についてヒア
リングして作成してください。

　i　システム料金

　　室料、ミュージックチャージ等、その店で遊興するための料金

　ii　メニュー

　　飲食物の具体的な料金

⑥　誓約書作成のポイント

　誓約書は、申請者用のものと管理者用のものがあります。記載す
る条文が社交飲食店の誓約書と少し異なるので注意してください。

　申請者が個人の場合は、個人用と管理者用の作成が必要です。申
請者が法人の場合は、法人用と管理者用が必要です。また、申請者
が法人の場合、役員全員について誓約書の提出が必要です。記載例
のように連名で作成しても、各自1枚の誓約書を提出してもどちら
でも構いません。

　署名捺印もしくは記名押印してもらいます。押印がなくても申請
が受理されないことはないようですが、最低でも記名押印もしくは
署名をしてもらうことが望ましいです。

◎誓約書（個人用）記載例

誓約書

　　　私共は、風俗営業等の規制及び業務の適正化等に関する法律第31条の
　23において準用する4条第1項第1号から第10号までに掲げる者のいずれ
　にも該当しないことを誓約いたします。

> 実際の誓約日を記載します。
> 申請日に合わせる必要はありません。

令和　　年　　月　　日

> 住民票のとおりに記載します。

営業所所在地　　東京都新宿区歌舞伎町〇丁目4番5号
　　　　　　　　フラワービル2階201号室

営業所の名称　　DANCE&BAR　HANAKO

住　　　　所　　東京都新宿区〇〇町1番2－301号

氏　　　　名　法令　花子　㊞

> 認印で構いません。

> 署名捺印もしくは記名押印してもらいます。

東京都公安委員会殿

◎誓約書（法人用）記載例

誓約書

　　私共は、風俗営業等の規制及び業務の適正化等に関する法律第31条の
23において準用する4条第1項第1号から第9までに掲げる者のいずれに
も該当しないことを誓約いたします。

　実際の誓約日を記載します。
　申請日に合わせる必要はありません。

令和　　年　　月　　日

営業所所在地　　東京都港区八本木〇丁目1番2号　ゴールドビル地下1階

営業所の名称　　クラブ八本木

　履歴事項全部証明書の
　とおりに記載します。

事務所所在地　　東京都新宿区百人力町1番2　バッカスビル3階

法　人　名　　株式会社HRI

　代表者印で捺印します。

役　員　氏　名　　代表取締役　法令　太郎　㊞

　取締役は、個人の認印で捺印します。

　　　　　　　取締役　　　法令　次子　㊞

　　　　　　　取締役　　　行政　良男　㊞

東京都公安委員会殿

◎誓約書（管理者用）記載例

営業所の名称を、申請書に記載したとおりに記載します。

誓約書

　　私は、クラブ八本木の管理者として、その業務を誠実に行うことを誓約いたします。

実際の誓約日を記載します。
申請日に合わせる必要はありません。

令和　　年　　月　　日

営業所所在地　　東京都港区八本木〇丁目１番２号　ゴールドビル地下１階

営業所の名称　　クラブ八本木

認印で構いません。

氏　　　　　名　行政　良男　㊞

署名捺印もしくは記名押印してもらいます。

東京都公安委員会殿

誓約書

　私は、風俗営業等の規制及び業務の適正化等に関する法律第３１条の２３において準用する２４条第２項各号に掲げる者のいずれにも該当しないことを誓約いたします。

> 管理者の誓約書には、
> ・誠実に管理者としての業務を行うこと
> ・欠格事由に該当しないこと
> の２種類があります。

令和　　年　　月　　日

営業所所在地　東京都港区八本木〇丁目１番２号　ゴールドビル地下１階

営業所の名称　クラブ八本木

> 認印で構いません。

氏　　　　　名　行政　良男　㊞

> 署名捺印もしくは記名押印してもらいます。

東京都公安委員会殿

⑦　使用承諾書作成のポイント

　使用承諾書は、物件の所有者が特定遊興飲食店の営業を承諾したことを証する書面です。以下の3点がはっきりとわかれば様式は自由です。

　　・物件の特定（住所等）
　　・所有者の特定（全部事項証明書等と一致すること）
　　・特定遊興飲食店の営業所として使用を承諾したこと

　ただし、事実上統一の様式が使用されているので、例をもとに作成してみてください。

◎使用承諾書例

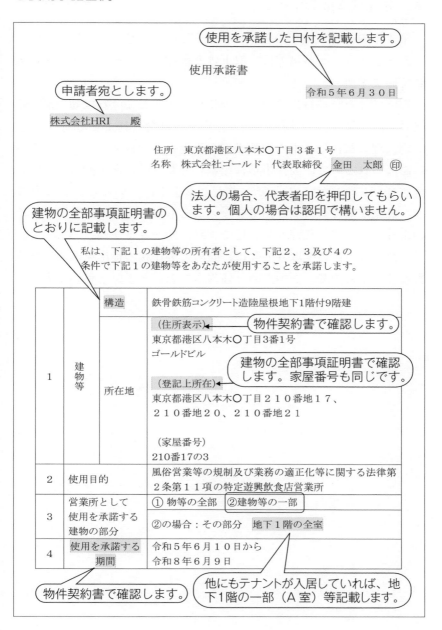

使用を承諾した日付を記載します。

使用承諾書

令和5年6月30日

申請者宛とします。

株式会社HRI　　殿

住所　東京都港区八本木〇丁目3番1号
名称　株式会社ゴールド　代表取締役　金田　太郎　㊞

法人の場合、代表者印を押印してもらいます。個人の場合は認印で構いません。

建物の全部事項証明書のとおりに記載します。

私は、下記1の建物等の所有者として、下記2、3及び4の条件で下記1の建物等をあなたが使用することを承諾します。

1	建物等	構造	鉄骨鉄筋コンクリート造陸屋根地下1階付9階建
		所在地	（住所表示） 東京都港区八本木〇丁目3番1号 ゴールドビル （登記上所在） 東京都港区八本木〇丁目210番地17、210番地20、210番地21 （家屋番号） 210番17の3
2	使用目的		風俗営業等の規制及び業務の適正化等に関する法律第2条第11項の特定遊興飲食店営業所
3	営業所として使用を承諾する建物の部分		① 物等の全部　②建物等の一部 ②の場合：その部分　地下1階の全室
4	使用を承諾する期間		令和5年6月10日から 令和8年6月9日

物件契約書で確認します。

建物の全部事項証明書で確認します。家屋番号も同じです。

物件契約書で確認します。

他にもテナントが入居していれば、地下1階の一部（A室）等記載します。

⑧　委任状作成のポイント

　第1章の社交飲食店の例（161ページ）を参考に、委任状を作ってみましょう。記載例では、取下げと復代理人選任も委任事項に入れています。

　取下げは不利益行為のため、委任状に明記しなければ効力がありません。つまり、「一切の行為」に取下げは含まれません。

　復代理人選任は、本人の承諾がある場合とやむを得ない場合のみに認められるので、委任事項に記載しておくことをお勧めします。

　委任状に明記することで、本人の承諾を得ていることになります。感染症等で数日間外出できないことも珍しくない昨今です。そのようなときに復代理人を選任できれば助かりますね。

　また、許可証の受取りの際に、改めて委任状の提出を求められる警察署もあるので、念のため2通作っておくとよいと思います。

◎委任状記載例

委任状

代理人行政書士の事務所所在地、事務所名、
行政書士名、登録番号、連絡先を記載します。

受任者　東京都新宿区西新宿６−２−３
新宿アイランドアネックス６０３
シーズ行政書士事務所　特定行政書士中村麻美
登録番号○○○○○○○○
TEL/03-○○○○-○○○○　　FAX/03-○○○○-○○○○

携帯のほうが連絡が取りやすければ、
携帯番号を記載してもよいです。

FAX で連絡が来ること
はまれですが、記載して
おくことが望ましいです。

私は、上記の者を代理人と定め、
風俗営業等の規制及び業務の適正化等に関する法律第31条の23において準用する同法第５条第１項の許可申請書の作成、修正、提出、取り下げ、及び許可証の受取並びに復代理人選任に関する一切の権限を委任します。

令和　　年　　月　　日

住所は履歴事項
全部証明書のと
おり（個人であ
れば、住民票の
とおり）に記載
します。

東京都新宿区百人力町１番２　バッカスビル３階

株式会社ＨＲＩ　代表取締役　法令　太郎　㊞

法人の場合は法人代者印、個人
の場合は認め印を押印します。

具体的な業務内容を記載します。どう記載するか迷った
ときは、申請書の記載を参考にします。例えば、この場
合は「風俗営業等の規制及び業務の適正化等に関する法
律第 31 条の 23 において準用する同法第５条第１項の規
定により許可を申請します。」とあるのを引用しています。

（4）申請時のポイントと注意点

　社交飲食店の申請と同様ですが、ざっと復習すると次のとおりです。

・予約が原則（突然警察署に行っても担当者不在のことも多いです）

・申請者の同行が必要か確認する（誓約書を書かせる署などもあるので、印鑑が必要かどうかも確認するとよいでしょう）

・申請書は正本１通ですが、申請者控えと行政書士控えも用意しておくこと

・実査の予約をする（そのため、日程をあらかじめ申請者と相談しておく必要があります）

・申請手数料 24,000 円は当日支払い

・訂正に必要なこともあるので、念のため職印を持参する

　令和５年現在、東京都内の警察署の窓口業務は８時 30 分から 16 時 30 分までです。ギリギリに駆け込むと（予約していればそのようなことはないはずですが）、手数料の納付ができないなどの不都合があります。

　また、特定遊興飲食店は、面積が広く、音響・照明設備も複雑です。そのため、申請開始から書類の確認、支払い、実査の予約が終わるまで１時間程かかります。それ以上かかることもあるので、時間に余裕を持っておくとよいです。

4　実査から許可まで

　実査から許可までの流れと注意すべき点などを解説します。実査（正式には構造検査というが、習慣的に実査と呼ばれている）とは、浄化協会と所轄警察署の担当者が実際に営業所内に立ち入って検査することです。消防署や区役所からも検査担当者が来ることがあります。内装などが申請内容と異ならないか、法令違反がないかを検査し、申請者の面談を行います。

　特定遊興飲食店の場合、営業所面積が広く音響照明設備が多いため、時間がかかる傾向があります。実査が長時間に及ぶと申請者にも検査に来ている浄化協会や所轄警察署の担当者にも負担がかかります。スムーズに検査が進むように行政書士がサポートできるように当日までに準備を整え、当日の流れを頭に入れておくことが大事です。

　どのようにすればスムーズに検査が進むのか、ポイントごとに考えていきましょう。

（1）当日までに準備しておくべきこと

　実査当日までに準備しておくべきことがいくつかあります。申請者の中には「指摘されたら直せばよい」「居抜きだから大丈夫なはず」と考えている人も多いのですが、準備が不十分だと再実査や再々実査になることもあります。そうなると、許可が出るのが遅れることもあるので、きちんと説明して準備万端で実査を迎えるようにしましょう。

①　照度の確保

　客室照明にスライダックス（調光器）が付いている場合、既定の

照度を保てるように設定するか、撤去する必要があります（ステージ照明についてはスライダックスが付いていても構いません）。

　スライダックスで照度を落としていって、最終的に規定の照度が保てる場合は、スライダックスが設置されていても構いません。そうでない場合は撤去します。

　撤去できない場合は、動かないように完全に固定するのでもよいのですが、ちょっと力を入れれば動くような固定の仕方では足りません。完全に動かなくするには、瞬間接着剤等で固定する必要があります。

　なお、どこで照度を測るかによって必要な明るさは相当変わります。照度を測る場所について、194 ページで確認のうえ、しっかり確認しましょう。照度計を用意して計測することが望ましいです。

②　見通しを妨げる設備の撤去

　見通しを妨げる設備とは、おおむね 100cmを超える衝立、間仕切りなどのことです。大きな水槽などの装飾や天井から吊り下げたカーテンなども、見通しを妨げる設備にあたることがあります。客室に該当する設備があれば、撤去しなければなりません。

　壁に沿って設置されているのか、客室を間仕切るように設置されているのかにもよって、見通しを妨げるかどうかが異なります。気になる装飾があれば、事前に所轄警察署の担当者に相談したほうがよいでしょう。筆者の場合は、平面図と該当部分の写真を持参して相談しています。

③　善良な風俗を害する装飾

　下着や裸のポスター、画像などは撤去が必要なことがあります。芸術と卑猥の線引きは非常に難しいのですが、どうしてもそのような装飾を置きたい場合、指摘されたらすぐに撤去できるようにしておくとよいでしょう。

　工事しないと撤去できない場合は、工事後に再実査になる可能性が高いです。その場合、許可が遅れることもあるのでしっかりその旨説明しておくことも大事です。

④　施錠設備の撤去

　社交飲食店ではあまり見かけないのですが、特定遊興飲食店の場合、音がうるさいので営業所入り口とは別に、客室の出入口にドアを設けていることもあります。そのドアには、鍵がかけられません（193 ページ参照）。

　客室から直接外部に通じるドア（通常は入口ドア）以外には、施錠設備を設けられないのです。もし、鍵がついていたら事前に撤去しておくか、鍵がかからないように壊すなどしておきます。

⑤　振動・騒音について

　東京都の場合、実査では振動・騒音は測定しません。だからといって、実際に振動や騒音がひどければ、条例等により取締りの対象になります。

　そもそも、そんな状態では近隣住民や近隣店舗からの苦情が殺到し、営業継続は困難でしょう。振動・騒音については、守るべき基準数値が決められています（194 ページ参照）。

（2）当日の準備

　前述のとおり、特定遊興飲食店の実査は時間がかかるし関係者も大勢になります。大勢の関係者が一斉にそれぞれの担当箇所を検査するので、スムーズに進められるように行政書士のサポートが重要になります。

　東京都の多くの地域では、実査開始時間は午前 10 時 30 分または午後 1 時 30 分と決まっています（一部異なる地域があります）。ただし、浄化協会担当者は開始時間 30 分前を目安に到着します。他

の検査担当者とバッティングしないように早めに来るのです。

　浄化協会到着時には大抵所轄担当者はまだ到着していません。そこで、行政書士の控え書類を渡して書類の確認を進めておいてもらうと、後の作業がスムーズに進みやすいです。

　行政書士と申請者は、浄化協会よりもさらに30分から1時間前に到着し、次の準備をしておきます。いずれも実査のチェック事項なので、準備ができていないと実査が滞ってしまいます。

①　18禁、20禁の表示

　入口ドア付近に「18歳未満立入禁止」または、「午後10時以降18歳未満の立入禁止」のいずれかを表示します（「18禁」といいます）。特定遊興飲食店は、夜10時以降18歳未満の者が営業所に立ち入らないように、営業所入口にその旨表示しなければならないことが定められているからです。

　「大人の遊び場だから、全面的に18歳未満は立入り禁止にする」というお店もあります。どちらでも、お店の方針に合った表示をすれば問題ありません。

　また、20歳未満の者への酒類の提供は禁止事項（「20禁」といいます）です。そのための表示がされているか、実査が始まる前に確認してください。20禁は、客室内の見やすい所または入口に表示します（用紙例は168ページを参照）。

②　料金表示

　料金の表示も、風営法で定められています。客の見やすいところに掲示することが求められます。システム料金、メニュー案を印刷し、店内に掲示しましょう。

　内容がわかればデザインは問わないので、申請書に添付したメニュー等をコピーして掲示すれば問題ありません（用紙の例は152〜153ページを参照）。

③　従業者名簿の用意

　従業者名簿とは、特定遊興飲食店営業者が店に備えなければならない名簿のことです。混同する人が多いのですが、履歴書と従業者名簿はまた別のものです。

　名簿には、必須記載事項が書かれていれば様式は自由です。通常、行政書士が用紙を用意して申請者に渡しておきます。実査のときは、まだ従業員の採用途中でしょうから、名簿の用紙を用意しておけば問題ありません（用紙の例は 170 ページを参照）。

　筆者は、従業者名簿と書き方例、苦情受理記録簿（次ページ⑤）の用紙を印刷してファイルに綴じたものを渡しています。そして、採用人数に応じて必要なだけ用紙をコピーして使ってもらっています（用紙の例は 173 ページを参照）。

④　迷惑行為防止措置

　午前 0 時以降も営業する店では、深夜に客が迷惑行為を行わないように店がその防止措置をしなければならない旨が、平成 28 年の風俗営業法改正で定められました。防止措置として、以下いずれかの措置が求められます。

・迷惑行為をしてはならない旨を営業所の見やすいところに掲示する
・同、書面を交付する
・同、口頭で説明する（または音声で知らせる）
・営業所内、営業所周辺を定期的に見回り、迷惑行為を防止する
・泥酔した客に酒類を提供しない

　実査のときには、迷惑行為を行ってはならない旨を営業所の見や

すいところに掲示します。特定遊興飲食店は、深夜に営業する店なので例外なく準備が必要です（記載例は172ページを参照）。

⑤　苦情受理記録簿の用意

　苦情受理記録簿も、午前0時以降も営業する店のみに用意する書類です（つまり、すべての特定遊興飲食店は用意しなければなりません）。この書類は、迷惑行為防止措置とセットになるもので、苦情があったときに記載する書類です。記載して3年間、店に備え置きます（苦情があったからといって、警察署に提出するものではありません）。

　苦情がなくても、この書類自体は用意しておかなければなりません。実査のときは、未記入の用紙を用意しておけば問題ありません（苦情受理記録簿の例は173ページを参照）。

⑥　平面図のとおりにテーブル等を並べる

　図面と照らし合わせた際に確認しやすいように申請した平面図のとおりに椅子やテーブル他家具を並べ直します。

　大型の営業所の場合、図面の位置と異なる位置に椅子などが移動していると、確認に時間がかかり実査時間全体も伸びてしまいます。事前の準備が肝心です。

⑦　設備の位置を確認しておく

　照明スイッチの場所、非常口、消化器等、設備の場所を再度確認しておきましょう。前述のとおり、実査には大勢の人が来て、それぞれ自分が確認すべき場所を確認します。何か聞かれた際にさっと案内できればその分スムーズに進むので、次のよく聞かれる設備を意識して設備の場所を確認しておくとよいでしょう。

　なお、建築指導課と消防署のチェック事項はとても専門的です。建物の所有者や管理会社が管理する設備に及ぶことも多いので、不

明な点は後日申請者を通して管理会社等に確認してもらいます。その場で解決できなくても問題ないので安心して臨んでください。

- ⅰ　浄化協会
  - ・照明スイッチ
  - ・スライダックス
- ⅱ　市区町村役場の建築指導課
  - ・非常口、建物の非常階段など避難経路
  - ・排煙設備
- ⅲ　消防署
  - ・非常侵入口
  - ・消化器
  - ・消火栓

（3）当日の流れ

実査当日は、次の順に進行します。

①書類確認

②内装等構造の確認、照度の確認

③申請者の面談

全部で1時間前後です。そして、この間に消防署等の担当者もそれぞれ検査作業を進めます。

行政書士にとってはいつものことでも、申請者にとっては初めての実査です。当日の流れを説明して、落ち着いて実査を受けてもらうようにしましょう。

①　書類確認

申請書に記載された内容の確認です。所轄担当者から浄化協会が申請書原本を受け取って確認するのですが、たいていの場合、浄化協会のほうがずっと早く営業所に到着します。

そこで、行政書士控えを渡して確認を進めてもらいます。浄化協

会担当者は2名で行動することが原則です。行政書士の控えだけでなく申請者の控えも持ってきてもらい、2名で確認が進められるようにするとスムーズです。

　保全対象施設や内装設備について質問されることもあるので、改めて頭に入れておくとよいでしょう。

②　内装等構造の確認

　浄化協会は、平面図、客室等求積図、音響照明図をもとに、図面と現況に相違点がないか法令違反がないかを確認します。

　もし間違いがあれば、その場で修正可能です。図面の間違いなどは、後日修正した図面と差し替えることもできます。ただし、あくまで間違いのない申請が当たり前ですので、いい加減な書類でとりあえず出しておくなどということは許されません。申請図面と現況が大幅に異なれば、申請取下げになることもあります。

　平面図、客室等求積図に基づき、申請図面に記載された数値と実測した数値が一致するかという確認もあります。その際、どこからどこの部分を計測したのか、指し示すことができるようにしておきましょう。

　スイッチの場所など、図面だけではわからない部分については行政書士が案内して確認をスムーズに進められるよう心掛けましょう。

③　申請者の面談

　内装等構造の確認が終わると、営業における注意事項や禁止事項などの説明があります。これを面談といっています。

　面談の中で、従業者名簿や苦情受理記録簿についても詳しく説明があります。その際、申請者の理解を助けるためにも、従業者名簿と苦情受理記録簿を見ながら説明を聞くように申請者に案内してあげましょう。

　ここまでで浄化協会の実査は終了です。並行して、所轄警察署担当者からも営業の注意事項や許可についての説明がある場合もあります。

④　消防・建築指導課の検査

　浄化協会の実査が終わるころ、消防署と市区町村役場の建築指導課から担当者が来ます（地域によっては来ないこともあります）。

　各担当者は防火施設や避難経路などをチェックします。営業開始までの届出事項など様々な説明もあるので、申請者をフォローしましょう。場合によっては、ビルの管理者に対応してもらう必要もあるので、実査の前日までに申請者を通じて管理者に連絡しておくのが望ましいです。

（4）許　可

①　許可の連絡

　許可連絡は電話で来ます。申請者本人に直接電話してほしいのか、行政書士に電話してほしいのかは申請の時に伝えておきましょう。申請者はなかなか電話に出ないことも多いので、行政書士が電話を受けて改めて申請者に連絡するほうが確実だと思います。ただし、必ず直接申請者に連絡する警察署もあるので、電話に出ないと許可の連絡を取り逃がすことをしっかり申請者に伝えておくことが大事です。

　許可連絡の電話があったら、次の2つを必ずメモしてください。
　・許可日付
　・許可番号

②　連絡があった当日から営業可能

　許可連絡の時点では、許可証・管理者証はまだ出来上がっていま

せん（ただ、最近は同時に出来上がることも多いです）。

　許可証を受け取る前であっても、許可連絡があった当日から営業を開始できます。その場合、許可証がない状態で営業しているときに立入り（警察官が店に立ち寄って営業状態等を確認すること）があれば、許可証をまだ受け取っていないことと許可番号を伝えれば問題ありません。

③　許可証・管理者証の受取り

　許可連絡を受けた際に、受取りについても決めておくとよいでしょう。以前は、許可証が出来上がるまで許可日から10日前後かかっていました。しかし、現在ではシステムが変わり、許可後すぐに許可証も管理者証も出来上がります。ですから、速やかに受け取って納品し、店内に掲示するよう申請者に伝えましょう。

　いつまでも許可証を受け取ることなく営業していると、許可証の掲示義務に違反していることになってしまいます。注意してください。

　なお、申請書に委任状を添付していますが、許可証の受取りの際に改めて委任状の提出を求める警察署もあります。事前に確認して、無駄足にならないように気を付けましょう。

④　許可証の掲示

　交付された許可証は、原本を営業所内の見やすい場所に掲示しなければなりません。これは風営法に規定されていることなので、掲示をしないとかコピーを掲示するということは取締りの対象になります。

　なお、管理者証については特に決まりがないので、なくさないように保管するよう申請者に案内しましょう。立入りの際や管理者講習の際に提示を求められるので、管理者本人が財布に入れて持ち歩くのがよいと思います。

第3章

深夜における
酒類提供飲食店営業
営業開始届出

深夜における酒類提供飲食店営業とは

　本章では、深夜における酒類提供営業の営業開始届について解説していきます。東京ではこの手続きを「深酒（ふかざけ）」といいます（以下、「深酒」という）。

　深酒は、許可申請ではなく届出です。許可申請に比べて書類は少ないのですが、基本の考え方は同じです。また、届出だから簡単ということはありませんが、スピード感を求められる手続きです。

　一般的に、いきなり社交飲食店や特定遊興飲食店の営業許可申請の仕事が舞い込んでくることは珍しいです。一方、深酒店は数が多いので依頼も多いです。風俗営業業務の入門編として深酒でしっかり学んでおけば、許可申請にも対応できます。

（1）届出が不要な場合、必要な場合

　深夜に酒類を提供する飲食店には、バーやスナック、居酒屋等があります。それらすべての店について、届出が必要なわけではありません。深夜に酒類を提供する飲食店であっても、営業の常態として主食を提供する飲食店は、届出が不要です。つまり、深夜（午前0時から午前6時）に主として酒類を提供する店のみ届出が必要です。

　例えば、深夜の時間も営業している牛丼店でビールを提供したとしても届出は不要です。届出が必要な店のイメージとして、食事ではなくお酒を飲むことを目的としている店と考えればわかりやすいと思います。

　また、「深夜に」というのがポイントなので、午前0時までに営業を終える飲食店であれば酒類をメインで提供していても届出は不要です。深夜に営業していても酒類を提供しない飲食店も、届出不

要です。

　なお、深酒に遊興が加わると、届出では済みません。特定遊興飲食店営業の許可申請が必要です。

◎届出が必要かどうかの判断

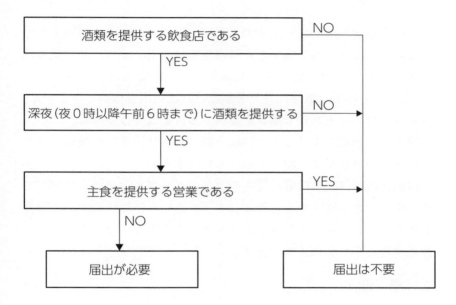

（2）営業開始の10日前までに届出を

　届出には期限があります。深夜営業開始日の10日前までに届出しなければなりません。例えば、6月10日から深夜営業したければ、6月1日には届出を完了していなければなりません。ですから、営業開始希望日をヒアリングし、逆算して届出期限を考えましょう。

（3）手数料

　届出は無料です。

（4）届出の要件

　深酒は届出なので、許可申請のような審査はありません。そのため簡単に感じますが、次の2つに注意しないと届出できません。

①　用途地域

　住居系用途地域では、深夜の営業ができません。深酒の届出が可能な用途地域は、商業地域と近隣商業地域、工業地域、準工業地域です（ほとんどの店舗が商業地域または近隣商業地域に位置します）。これらの用途地域に営業所がなければ届出自体ができません。つまり、深夜に主として酒類を提供する営業はできません。

　筆者は、依頼を受けて用途地域を調べたら住居系用途地域だったという経験を3年に1回はくらいしています。

　用途地域図は、市区町村役場のホームページなどで簡単に閲覧できますので必ず確認するようにしてください。依頼時にすでに物件契約をしている場合はどうしようもありませんが、契約前であれば再考するようアドバイスできます。

②　構　造

　用途地域に問題がなければ、次は営業所の構造を確認します。社交飲食店等と同様に、守らなければならない基準があります。詳細については、第1章を復習してください。

　1　客室の床面積は、一室の床面積を9.5㎡以上とすること。ただし、客室の数が一室のみである場合は、この限りでない

　2　客室の内部に見通しを妨げる設備を設けないこと（おおむね100cmを超える衝立、間仕切り等を設けることはできません）

　3　善良の風俗または清浄な風俗環境を害するおそれのある写真、広告物、装飾その他の設備を設けないこと

4　客室の出入口に施錠の設備を設けないこと。ただし、営業所外に
　　直接通ずる客室の出入口については、この限りでない

5　営業所内の照度が 20 ルクス以下とならないように維持されるた
　　め必要な構造または設備を有すること（照度計測の位置については、
　　社交飲食店と同じです）

6　騒音または振動の数値が法 32 条 2 項 において準用する法 15 条
　　の規定に基づく条例で定める数値（55 デシベル）に満たないよう
　　に維持されるため必要な構造または設備を有すること

③　人的欠格事由はない

　深酒には、人的な欠格事由はありません（人的欠格事由について
は 47 〜 53 ページ参照）。そのため、社交飲食店の営業許可を取り
消されて 5 年経過していない人も執行猶予中の人も、深酒店を開業
することができます。

② 届　出

（1）届出の流れ

　深酒も飲食店ですので、飲食店営業許可申請がスタートになるところは第1章、第2章と同様です。

　前述のように、深夜営業を始めたい日の10日前までに届出しなければなりません。期限ギリギリではなく余裕を持って届出できるように準備することをお勧めします。警察署担当者が事件で外出していたり、休みだったりして届出できない日もあるからです。ゴール（営業開始）から逆算してスケジュールを考えるようにしましょう。

　なお、午後6時から午前0時までは、届出なしで酒類の提供営業をすることができます。届出から10日経つまでは午前0時までのプレオープンにしてはどうか、というような提案ができるとお客様にとってプラスになります。

　東京都では以前、届出が完了して10日経つと「届出済証」というステッカーを交付していましたが、現在は廃止になりました。警察から10日経った旨の連絡が来ることもありません。したがって、届出から10日経ったことを営業者自身が確認して深夜営業を始めます。

◎届出の流れ

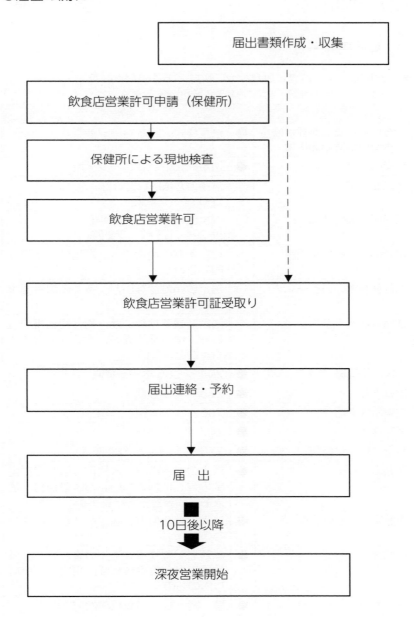

届出書類作成・収集

飲食店営業許可申請（保健所）

保健所による現地検査

飲食店営業許可

飲食店営業許可証受取り

届出連絡・予約

届 出

10日後以降

深夜営業開始

（2）書類作成

①　届出書類一覧

●…必須書類　○…法定書類ではないが、要求されることが多い書類
△…場合により必要な書類。事前に所轄警察署担当者に要確認

書　類		備　考
深夜における酒類提供飲食店営業営業開始届出書	●	法定様式。256 ページ参照
営業の方法	●	法定様式。258 ページ参照
メニュー案	○	営業の方法別紙として。260 ページ参照
営業所周辺の地図	○	保全施設等の記入は不要262 ～ 263 ページ参照。
建物の全部事項証明書	△	自己所有の場合のみ。届出前 3 か月以内のもの
物件契約書のコピー	○	法定書類ではないが、多くの場合要求される
使用承諾書	△	法定書類ではないが、物件契約書のコピー、使用承諾書のいずれかを要求されることが多い
営業所平面図	●	264 ～ 265 ページ参照
求積一覧	●	268 ページ参照
営業所求積図	●	266 ページ参照
客室等求積図	●	267 ページ参照
音響・照明設備図	●	270 ～ 271 ページ参照
定款のコピー	●	法人の場合のみ。末尾に「当社現在定款の写しに相違ない」および日付、法人名、代表者名を記載する。
履歴事項全部証明書	●	法人の場合のみ。届出前 3 か月以内のもの
住民票	●	本籍を記載する。法人の場合は、社外役員以外全役員分必要。届出前 3 か月以内のもの
在留カードのコピー	●	裏、表とも。外国人の場合提出

書　類		備　考
誓約書	−	所轄によりオリジナルの誓約書を用意していることがあるので要確認
飲食店営業許可証のコピー	●	
委任状	●	

②　各書類の概要

・深夜における酒類提供飲食店営業営業開始届出書
　　営業者や営業所の概要を記載する法定様式です。
・営業の方法
　　営業内容を記載する法定様式です。この様式にメニューを書ききれれば、メニュー案の別紙添付は不要です。
・メニュー案
　　法定書類ではありませんが、添付を求められることが多い書類です。システム料金、個別の飲食代金等を明記します。営業の方法の別紙になります。
・営業所周辺の地図
　　法定書類ではありませんが、営業所がどこにあるかを確認する書類として添付します。決まった様式はなく、営業所周辺100mくらいを表示します。
　　周辺の保全対象施設等の記載は必要ありません（深酒には保全対象施設はありません）、営業所の位置と周囲の目印になる道路や建物が示されていれば問題ありません。
　　余白には、営業所所在地、名称、営業所の位置する用途地域を記載しましょう。インターネットからダウンロードした地図に、営業所の位置を書き入れた程度でも構いませんが、著作権違反にならないよう注意が必要です。
・建物の全部事項証明書、物件契約書のコピー、使用承諾書
　　法定書類ではありませんが添付します。自己所有なら全部事

項証明書、賃貸なら物件契約書のコピーもしくは使用承諾書（両方必要な場合もあります）となります。

・平面図、求積図、音響・照明設備図

　社交飲食店のときと同様のものを作成します。

・求積一覧

　社交飲食店のときと同様のものを作成します。別紙にせずに、各求積図に計算式と面積を書き入れても構いません。

・定款のコピー

　法人申請の場合に提出します。最後のページに「現在の定款の写しに相違ありません。日付、法人名および代表者氏名」を記載します。

・住民票

　本籍記載で、法人の場合は社外役員以外全員分を提出します。届出日から3か月前以内のものであること。外国人の場合は、在留資格等の外国人関係情報も記載が必要です。

・在留カードのコピー

　外国人の場合は提出が必要です。

・飲食店営業許可証のコピー

　証明書（39ページ）での受付が可能かを事前に確認するとよいでしょう。

・その他警察署ごとのオリジナル書類

　誓約書、入居概況一覧図、1階および入居階概略図、役員一覧など、多種多様なオリジナル書類があります。事前に管轄警察署に確認して用意しておくとよいでしょう。

　上記の届出書類一覧を参考に、必要な書類の作成と収集を進めましょう。

　書類の数は、第1章、第2章に比べてかなり少ないですが、深酒特有の難しさもあります。それは、所轄警察署ごとに求められる書

類（特に誓約書、使用承諾書）が異なる場合が多いことです。

　深酒には実査がありません。実査があれば、警察署担当者が営業者に直接あれこれ確認することができますが、深酒の場合はそれができません。そのため、書類で確認したいと思ってあれこれ増えるようです。

　添付書類については、内閣府令に規定があります（おおむね252ページ一覧表の●印と同じです）。それ以外は、行政書士会と警視庁の約束であるとか、各警察署からの要請によって添付しているものではありますが、理由があって添付しているのでできるだけ協力することが望ましいと思います。

　ただし、法定外書類の添付がないからといって、届出を拒むことはできないことを主張すべきです。法定外書類は追完で問題ないはずですから、はじめて届出をする警察署については、一度添付書類について確認しておくと、余計なトラブルを防げてよいと思います。

◎届出書 記入例

別記様式第47号（第103条関係）

※ 受 理 年 月 日		※ 受 理 番 号	

深夜における酒類提供飲食店営業営業開始届出書

風俗営業等の規制及び業務の適正化等に関する法律第33条第1項の規定により届出をします。

令和 年 月 日

東京都公安委員会殿

届出者の氏名又は名称及び住所

東京都新宿区●●町1番2－301号
法令 花子

上記届出者代理人

東京都新宿区西新宿6丁目2番3－603号
シーズ行政書士事務所 特定行政書士 中村麻美
TEL/03-0000-〇〇〇〇 FAX/03-〇〇〇〇-〇〇〇〇

職印

（ふりがな）	ぎょうせい はなこ	
氏 名 又 は 名 称	法令 花子	
住 所	〒（162-00××） 東京都新宿区〇〇町1番2－301号	（〇〇〇）〇〇〇〇局〇〇〇〇番
（ふりがな） 法人にあっては、 その代表者の氏名		
（ふりがな）	からおけばー はなこ	
営 業 所 の 名 称	カラオケBAR 花子	
営 業 所 の 所 在 地	〒（162-0000） 東京都港区六本木3丁目〇番〇〇号 駅前ビル1階103号室	（03）〇〇〇〇局〇〇〇〇番

営業所の構造及び設備の概要	建 物 の 構 造	鉄骨鉄筋コンクリート造陸屋根地下1階付地上7階建			
	建物内の営業所の位置	1階の一部（103号室）			
	客 室 数	1室	営業所の床面積	13.54㎡	
	客 室 の 総 床 面 積	6.42㎡	各 客 室 の 床 面 積	6.42㎡ 	㎡ ㎡
	照 明 設 備	別紙のとおり			
	音 響 設 備	別紙のとおり			
	防 音 設 備	厚さ20cm以上の鉄筋コンクリート壁による遮断構造 壁：石膏ボード下地塗装仕上げ、床：石膏ボード下地板貼り 天井：コンクリート下地塗装仕上げ、ドア：鉄製			
	そ の 他	当該営業所は商業地域に位置する 営業所の入り口は一箇所である 客室内には、見通しを妨げる仕切り等の設備はない 客室内には善良の風俗または清浄な風俗環境を害するおそれのある写真・広告等は掲示していない			

日付は和暦で記載します。届出時に記載するので空欄で持参します。

届出なので「上記届出者代理人」とし、行政書士の住所、氏名を記入し、職印を押印します。

個人の場合は住民票のとおりに、法人の場合は履歴事項全部証明書のとおりに記載します。

飲食店営業許可証の店名と一致しなければなりません。

物件契約書のコピーで確認し、正確に記載します。この住所と飲食店営業許可証に記載された住所は一致していなければなりません。

物件契約書で確認します。

一部の賃貸であれば、部屋番号も記載します。

書ききれないものは別紙添付で構いません。

◎営業の方法　記入例

別記様式第48号（第103条関係）

営　業　の　方　法

営 業 所 の 名 称	カラオケBAR　花子
営 業 所 の 所 在 地	東京都港区六本木３丁目○番○○号　駅前ビル１階103号室

営　業　時　間	午前 ⦅午後⦆ 6時００分から　⦅午前⦆ 午後 2時００分まで

18歳未満の者を従業者として使用すること	①する　⦅②しない⦆
	①の場合：その者の従事する業務の内容（具体的に）

18歳未満の者を客として立ち入らせること	①する　⦅②しない⦆
	①の場合：保護者が同伴しない18歳未満の者を客として立ち入らせることを防止する方法

飲食物（酒類を除く。）の提供	⦅①する⦆　②しない
	①の場合：提供する飲食物の種類及び提供の方法 おとおし、スナック類を客の求めに応じて、カウンターまたはテーブルで提供する。

酒　類　の　提　供	提供する酒類の種類及び提供の方法 **別紙メニュー記載の酒類を、客の求めに応じてカウンターまたはテーブルで提供する。** 20歳未満の者への酒類の提供を防止する方法 **店内の見やすいところに、１０ｃｍ×２５ｃｍ程度の「20歳未満のお客様への酒類提供はお断りします」と書いた札を掲示するとともに、身分証明書の提示を求めて年齢確認を徹底する。**

客に遊興をさせる場合はその内容及び時間帯	遊 興 の 内 容	毎週月曜日に、ギター演奏を不特定多数の客に聞かせ、リクエストに応じてカラオケの伴奏を行う。
	時　間　帯	午前 ⦅午後⦆ ８時００分から　午前 ⦅午後⦆ １０時３０分まで

当該営業所において他の営業を兼業すること	①する　⦅②しない⦆
	①の場合：当該兼業する営業の内容

届出書から転記します。
届出書から転記します。

深酒の場合、営業時間に制限はありません。例えば、24 時間営業
も可能です。

18 歳未満の従業員がいる場合、従事できる業務や時間帯に制限が
あるため、営業者とよく相談の上記載します。

午前０時までであれば遊興をさせることができます。

◎料金システム・メニュー例

別紙

料金システム・メニュー

システム料金（店を利用する
ための料金）を記載します。

お通し　550円（ミックスナッツ）

ミュージックチャージ　1,100円

（月曜日　午後8時〜午後10時30分　入店の場合）

カラオケ　1曲　110円

●ドリンクメニュー

ウーロンハイ　880円

レモンサワー　880円

個別の飲食料金を記載します。
「〜」は使用せず、料金を明記します。

カクテル　各種1,100円

●ボトルメニュー

鏡月　5,500円

サントリー角　5,500円

シャンパン　16,500円

●割物

ウーロン茶（ピッチャー）　1,100円

緑茶（ピッチャー）　1,100円

アセロラ　1本　550円

お湯（ポット）　無料

●フードメニュー

チョコレート盛り合わせ　880円

スナック盛り合わせ　1,100円

チーズ盛り合わせ　1,650円

Column

ふかざけ？　しんさけ？

　「深夜における酒類提供飲食店営業営業開始届出」というのは、とても長いですよね。特に電話で問い合わせするときには、聞いているほうもわかりにくいと思います。そこで、東京の警察署では一般的に「ふかざけ」と短縮していいます。深夜の「深」と酒類の「酒」で「ふかざけ」です。

　筆者も、電話予約の際には「ふかざけの届出予約お願いします」と言っています。ただ、他府県では事情が違うようで、埼玉県や神奈川では「しんさけ」ということのほうが多いようです。神奈川県の警察署に電話して「ふかざけ」と言ったら、「何それ？」と言われて慌てたことがあります。しかし、あちらもプロ。「あ〜『しんさけ』かな？」と話が通じました。さすがですね。

◎営業所周辺の略図例

❶ 営業所の名称　カラオケＢＡＲ　花子

営業所の所在地　東京都港区六本木３丁目〇番〇〇号　駅前ビル１階

用途地域：商業地域 ❷

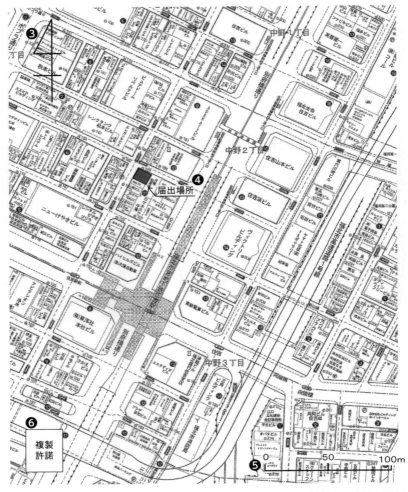

※　例はサンプル地図を使用しているため、実際の住所、用途地域及び届出書例
の住所とは異なります。

【解　説】

❶　届出書から転記します。

❷　用途地域を記載することが望ましいです。

❸　北を示す方位マークを入れます。

❹　わかりやすいように「届出場所」「届出店舗」等を記載します。

❺　距離の目安としてスケールを表示することが望ましいです。

❻　株式会社ゼンリンの地図を使用する場合は、「複製許諾証」を貼付します。インターネット上の地図等を利用する場合は、各複製許諾を確認し著作権法違反にならないよう注意してください。

Column

本当にあった怖い話

　もうすでに深酒の営業を始めているが、接待行為をしていると地元の警察署に注意を受けたので1号営業の許可を取りたいというお客様の話です。

　教えていただいた営業所住所で地図を取り寄せると、微妙な距離に病院がありました。この地域では病院から70m以上離れていなければ許可を取ることはできません。どうしても納得できないというお客様とともに病院を訪問し、事務長さんの協力のもと敷地から営業所までの距離を測ったところ、やはり70mを切っています。

　仕方ないとあきらめたお客様でしたが、後日その営業所で接待行為しているところに立入りがあり、逮捕されてしまいました。無許可営業の罪が確定してしまうと、以降5年間は風俗営業の許可が取れません。なんとも残念な話です。

◎平面図例

❶平面図　1／40（m）

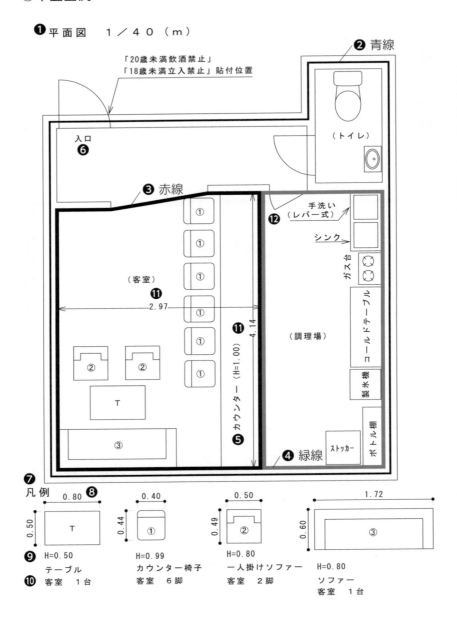

❷青線

「20歳未満飲酒禁止」
「18歳未満立入禁止」貼付位置

（トイレ）

入口
❻

❸赤線

手洗い
（レバー式）
❷

シンク

ガス台

（客室）
❶

2.97

コールドテーブル

（調理場）

❶
4.14

カウンター（H=1.00）
❺

製氷機

ボトル棚

❹緑線

ストッカー

❼凡例　0.80　❽

T

0.50

❾H=0.50
テーブル
❿客室　1台

0.40

①

0.44

H=0.99
カウンター椅子
客室　6脚

0.50

②

0.49

H=0.80
一人掛けソファー
客室　2脚

1.72

③

0.60

H=0.80
ソファー
客室　1台

【解 説】

❶ 図面のタイトルと縮尺（1 ／ 50、1 ／ 100 など）を記載します。小型店舗のためこの例では1 ／ 40 とし、見やすいよう配慮しています。

❷〜❹ 営業所（青）、客室（赤）、調理場（緑）をそれぞれ線で囲みます。

❺ カウンター、衝立、飾棚等は高さを記載します。客室の見通しを妨げる設備（おおむね100cm を超えるもの）がないか注意します。

❻ 営業所の入口を明記します。

❼ 凡例と図中の該当する家具等の数が一致しているか注意します。

❽、❾ 家具等は、上から見た寸法（テーブルなら天板の寸法）、横から見たときの高さを記載します。

❿ どこに何がいくつあるかを記載します。

⓫ 客室内の2か所について寸法を記載します。いずれも縦・横で最も広い部分について記載します。

⓬ この例では、2槽シンクの片方を従業員用手洗いとするミニマム仕様にしています（詳しくは23 ページを参照)。

◎営業所求積図例

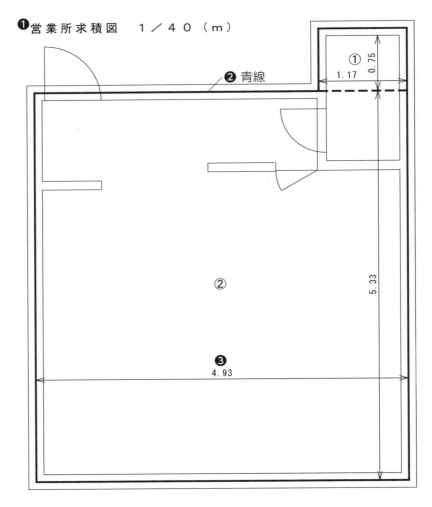

❶営業所求積図　1／40（m）

❷青線

① 0.75
1.17

②

❸ 4.93

5.33

【解　説】

❶　図面のタイトルと、縮尺（1／50、1／100など）を記載します。この例では1／40としています

❷　営業所の範囲を青で囲います。

❸　営業所の寸法は、壁芯から測ります。

◎客室等求積図例

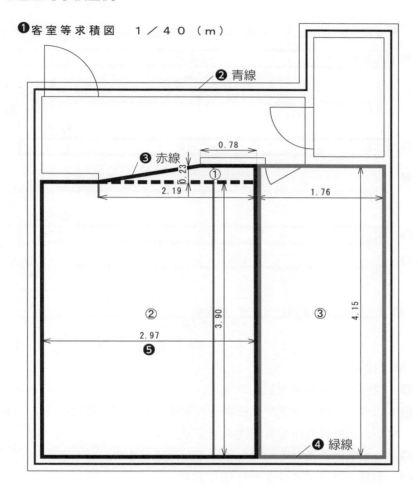

❶客室等求積図　1／40（m）

❷青線

❸赤線

0.78

0.23

2.19

①

1.76

②

③

3.90

4.15

2.97

❺

❹緑線

【解　説】

❶　図面のタイトルと縮尺（1／50、1／100など）を記載します。この例では1／40としています。

❷〜❹　営業所（青）、客室（赤）、調理場（緑）をそれぞれ線で囲みます。

❺　客室、調理場の寸法は内壁から測ります。

◎求積一覧

❶ 求積一覧　　　　　　　　小数点以下第3位を四捨五入　（m）　　**❼** 青線

❷ Ⅰ　営業所　　　　　　　　（①～②合計）　　　　　27.15㎡　**❺**

❸
①	1.17	×	0.75	=	0.8775
②	4.93	×	5.33	=	26.2769
合計					27.1544　**❹**

❼ 赤線

❷ Ⅱ　客室　　　　　　　　　（①～②合計）　　　　　11.92㎡

❸
①	(0.78＋2.19)×0.23÷2			=	0.3415
②	2.97	×	3.90	=	11.5830
合計					11.9245

❼ 緑線

❷ Ⅲ　調理場　　　　　　　　　　③　　　　　　　　　7.30㎡

❸
③	1.76	×	4.15	=	7.3040
合計					7.3040

❻ その他　　　　営業所－客室－調理場　　　　　　7.93㎡
27.15-11.92-7.30　　　　=　　　7.9300

【解　説】

❶　表のタイトルを記載します。

❷　この表では、営業所求積表と客室等求積表が1枚になっていますが、別紙になっても問題ありません。

❸　各求積図の番号と一致しているか確認します。

❹　小数点以下第4位まで計算します。

❺　最終面積は小数点以下第3位を四捨五入します。

❻　その他面積とは、客室でも調理場でもない部分の面積のことです。営業所面積から客室面積および調理場面積を引いて計算します。

❼　見た目でわかりやすいように、平面図と同様、営業所を青、客室を赤、調理場を緑で囲うとよいです。

Column

ゲーム機、デジタルダーツと10％ルール

「10％ルール」という言葉を聞いたことがあるでしょうか。ゲーム機などの遊技機を設置するには、風俗営業5号の許可が必要です。ただし、「客の用に供する面積に対して、遊技の用に供される面積が10％以下であれば、許可を要しない」という運用がありました。簡単に言えば、「飲食店の一部にゲーム機をちょっと置くくらいなら許可はいらないよ」という運用です。

この運用基準が平成30年に変更され、現在ではデジタルダーツ及びシミュレーションゴルフに関しては10％ルールに関わらず許可なしで設置できることになっています。

ただし、

・営業者が目視、監視カメラ等で客の遊戯状況を確認できること
・同じ営業所内に、他の遊技機がないこと
という条件があります。

なお、デジタルダーツとシミュレーションゴルフ以外の遊技機については運用基準の変更はないのでご注意ください。

◎音響・照明設備図例

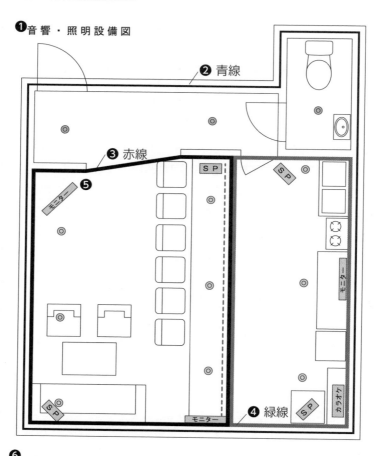

❶音 響 ・ 照 明 設 備 図

❷ 青線

❸ 赤線

❺ モニター

❹ 緑線

❻
音 響 ・ 照 明 設 備 一 覧

❼記号	**❽**種類	**❾**W数	客室	調理場	その他	**⓫**合計
◎	ダウンライト	LED 40W相当	－	－	3	3
◎	スポットライト	LED 20W相当	6	3	－	9
－ － － －	カウンター下 間接照明	LEDテープ	一式	－	－	一式
SP	スピーカー	最大出力 150W	2	2	－	4
モニター	モニター		2	1	－	3
カラオケ	カラオケ		－	1	－	1

⓾ 欄上部にまたがる見出し（客室・調理場・その他）

【解　説】

❶　図面のタイトルを記載します。

❷〜❹　営業所（青）、客室（赤）、調理場（緑）をそれぞれ線で囲みます。

❺　照明、音響設備を図面上に記載し、位置が正しいかを確認します。

❻　照明、音響設備について、一覧表を作ります。

❼　図中の凡例

❽　音響、照明の種類を記載します。

❾　音響、照明の仕様（ワット数など）を記載します。

❿　客室、調理場、その他（客室でも調理場でもない部分、入口、トイレなど）に分けて、音響、照明設備の数を記載します。

⓫　❿で記載した合計数を記載します。

（3）届出の予約

①　予　約

　所轄警察署の担当者が常に対応可能なわけではないので、あらかじめ電話して予約を取ることが望ましいです。ただし、予約対応していない警察署もあります。

　予約対応をしていない警察署であっても、一度に複数の届出をする場合は電話してその旨伝えておいたほうがよいでしょう。警察署の仕事は届出や許可の処理だけではないので、お互いに配慮し合うことが望ましいです。

②　営業者（届出者）の同行など

　前述しましたが、深酒には実査がありません。そのため、届出時に営業者に同行してもらい、面談や誓約書記載をする警察署もあり

ます。また、同行は不要ですが、あらかじめ誓約書にサインして提出してほしいなどの要望があることもあります。

　予約の電話をする際には、営業者の同行等が必要かどうかも確認しておきましょう。

（4）届出の流れ

　届出は、行政庁が諾否の応答義務がない点で許可と異なります。だからといって、書類を渡したら終わりではありません。届出に必要な書類がそろっているか、営業や構造に法令違反がないかなどをきちんとチェックされます。

　届出書および添付書類は正本1通で構いませんが、行政書士控え、営業者控えも用意しておくべきです。控え書類を手元に残しておかないと、後日変更などがあった際に困るからです。

　所要時間は、警察署によってまちまちですが、30分から1時間程度の所が多いです。書類のチェックが済んで問題なければ、「申請・届出受領書」が交付されます。申請・届出受領書を受け取って、届出が完了です。手数料は無料です。

　届出の日から10日経てば、深夜営業を開始できます。営業者にその旨および10日後の日付を伝え、控えと受領書を納品しましょう。

　許可証のようなものはないので、受領書が唯一の公的な証明のようなものとなります。採用広告掲載のために必要なことが多いので、なくさないよう一言添えておくとよいと思います。

　なお、届出事項に変更が生じたときには、変更届出が必要です（詳しくは第4章を参照）。

第4章

許可後・届出後の手続き

　本章では、許可後・届出後の手続きについて解説していきます。許可申請、届出については研修なども充実していますが、許可後の手続きについての研修はあまり見かけません。どんなときにどんな手続きが必要なのか、本章でイメージを掴んでください。

（1）許可後の手続き

①　基本の考え方

　社交飲食店等の風俗営業許可、特定遊興飲食店営業許可取得後の手続きでよくあるのが、住所、店名、内装の軽微な変更です。これらはすべて変更届出が必要ですが、添付書類はそれぞれ異なります。また、変更届出だけではなく、許可証書換え申請等が必要になることもあります。基本の考え方は、次のとおりです。

　なお、風俗営業許可、特定遊興飲食店営業許可ともに様式は共通ですが、深酒は様式が異なるので後述します。

　　ⅰ　申請書記載事項に変更があれば、「変更届出」

　　ⅱ　許可証記載事項に変更があれば、「変更届出」および「書換え申請」

　　ⅲ　内装等に変更があれば、「変更届出」または「構造変更承認申請」

②　営業所の構造に変更があるときの注意

　内装の変更は、事前承認が必要な「構造変更承認申請」と事後届出のみで完了する「変更届出」があるので注意が必要です。次の場合は、構造変更承認申請が必要になり着工前に申請しなければなりません。

　　ⅰ　建築基準法（昭和25年法律第201号）2条14号に規定する大規模の修繕または同条15号に規定する大規模の模様替えに該当する変更（※建物の主要構造部分に関する修繕、模様替え）

ⅱ　客室の位置、数または床面積の変更

ⅲ　壁、ふすまその他営業所の内部を仕切るための設備の変更

ⅳ　営業の方法の変更に係る構造または設備の変更

　上記以外の軽微な変更、例えば、テーブルや椅子の数を変える、ソファーの配置を変える、音響・照明設備を変更するなどは変更届出になります。

③　新旧対照表

　変更届出書に変更前後（新旧）の内容を詳しく記載することは難しいので、添付書類（「添付書類一覧」参照）に加えて、変更した内容の前後を比較できる一覧表を添付することが多いです。これを「新旧対照表」といいます。

　例えば、「客室のダウンライトを一部撤去し、新たにシャンデリアを設置した。それに伴いテーブルを増設した」という場合には、記載例のように新旧対照表を作って添付するとわかりやすいです。

　イメージとしては、どんな変更をしたのか説明する気持ちで作るとよいと思います。

◎新旧対照表記載例

変更部分	新	旧
平面図	テーブル①　客室8台	テーブル①　客室6台
音響・照明設備図	ダウンライト　客室20灯 シャンデリア　客室1灯	ダウンライト　客室25灯 （新設）

④　期限の考え方

　登記を要するものは20日以内、それ以外は10日以内が基本です。ただし、営業所の軽微な構造変更に関しては1か月の猶予があります。図面を作成するのに時間がかかるので、期限に余裕があるのは助かりますね。

◎許可後の手続き一覧

変更内容等	手続き	期　限	手数料
営業所の名称	変更届出	変更から10日以内	―
	許可証書換申請	変更後速やかに ※通常は変更届出 　と同時	1,500円
申請者の住所(個人)	変更届出	変更から10日以内	―
申請者の住所(法人)	変更届出	変更から20日以内	―
申請者法人の名称	変更届出	変更から20日以内	―
	許可証書換申請	変更後速やかに ※通常は変更届出 　と同時	1,500円
法人代表者の住所	変更届出	変更から20日以内	―
法人役員の住所	変更届出	変更から10日以内	
法人の役員変更	変更届出	変更から20日以内	
申請者の電話番号	変更届出	変更から10日以内	―
管理者変更	変更届出	変更から10日以内	―
管理者の住所・電話番号	変更届出	変更から10日以内	―
①営業所の大規模修繕（建築基準法2条14号）・大規模模様替え（同15号） ②客室の位置、数、床面積 ③壁、ふすまなど営業所内部を仕切る設備 ④営業の方法の変更にかかる構造または設備	変更承認申請	事前申請 ※着工前に申請が 　必要です	9,900円
上記以外の軽微な内装の変更	変更届出	変更から1か月以内	―

変更内容等	手続き	期　限	手数料
音響・照明設備の軽微な変更	変更届出	変更から 10 日以内	―
許可証紛失	許可証再交付申請	すみやかに	1,200 円
相　続	相続承認申請	相続開始から 60 日以内	9,000 円
法人の合併	合併承認申請	事前申請	12,000 円
法人の分割	分割承認申請	事前申請	12,000 円
廃　業	返納理由書	廃業から 10 日以内	―

◎様式・添付書類一覧

変更内容等	様　式	添付書類
営業所の名称	（別記様式第 11 号）変更届出書	・飲食店営業許可書の変更部分コピー
	（別記様式第 9 号）許可証書換え申請書	・社交飲食店営業許可証 ・管理者証
申請者の住所（個人）	（別記様式第 11 号）変更届出書	・住民票（本籍記載）
申請者の住所（法人）	（別記様式第 11 号）変更届出書	・履歴事項全部証明書
申請者法人の名称	（別記様式第 11 号）変更届出書	・履歴事項全部証明書
	（別記様式第 9 号）許可証書換え申請書	・社交飲食店営業許可証
法人代表者の住所	（別記様式第 11 号）変更届出書	・住民票（本籍記載） ・履歴事項全部証明書（登記事項の為）
法人代役員の住所	（別記様式第 11 号）変更届出書	・住民票（本籍記載）
法人の役員変更	（別記様式第 11 号）変更届出書	・履歴事項全部証明書 ・住民票（本籍記載） ・身分証明書 ・誓約書（役員用）
申請者の電話番号	（別記様式第 11 号）変更届出書	―

変更内容等	様　式	添付書類
管理者変更	（別記様式第 11 号）変更届出書	・住民票（本籍記載） ・身分証明書 ・誓約書（管理者用） ・旧管理者証（返却） ・写真 2 枚（2.4cm × 3 cm）
管理者の住所	（別記様式第 11 号）変更届出書	・住民票（本籍記載） ・管理者証（裏書きのため）
①営業所の大規模修繕（建築基準法 2 条 14 号）・大規模模様替え（同 15 号） ②客室の位置、数、床面積 ③壁、ふすまなど営業所内部を仕切る設備 ④営業の方法の変更にかかる構造または設備	（別記様式第 10 号）変更承認申請書	①〜③ ・変更にかかる新・旧図面、求積一覧 ④ ・変更にかかる新・旧図面、求積一覧 ・営業の方法 その他は変更内容に応じて所轄警察署に確認。
上記以外の軽微な内装の変更	（別記様式第 11 号）変更届出書	・変更にかかる新・旧図面
音響・照明の軽微な変更	（別記様式第 11 号）変更届出書	・変更にかかる新・旧図面
許可証紛失	（別記様式 5 号）許可証再交付申請書	・理由書

変更内容等	様　式	添付書類
相　続	（別記様式第6号）相続人承認申請書	申請者が風俗営業者以外かつ未成年でない場合 ・住民票（本籍記載） ・身分証明書 ・誓約書（個人用） ・被相続人との続柄を証する書類（戸籍謄本等） ・申請者以外の相続人の氏名および住所を記載した書類および当該申請に対する同意書
法人の合併	（別記様式第7号）合併承認申請書	・合併契約書のコピー ・存続法人または新設法人の役員予定者の氏名および住所一覧 ・上記役員予定者の住民票（本籍記載） ・同　身分証明書 ・同　誓約書（役員用）
法人の分割	（別記様式第8号）分割承認申請書	・分割契約書または分割計画書のコピー ・承継法人の役員予定者の氏名および住所一覧 ・上記役員予定者の住民票（本籍記載） ・同　身分証明書 ・同　誓約書（役員用）
廃　業	（別記様式第12号）返納理由書	・許可証 ・管理者証

※　証明書類は申請・届出前3か月以内のもの（相続を除く）

※　期限があるものは、期限を過ぎて届出等する場合は理由書を添付する

◎変更届出書記載例（営業者の住所変更の場合）

別記様式第11号（第20条、第21条、第88条、第89条関係）

		※受理年月日		※受理番号	

変　更　届　出　書

第９条第３項第１号
風俗営業等の規制及び業務の適正化等に関する法律第９条第３項第２号（同法第20条第10項又は第31条の23において準用する場合を含む。）の規定により届出をします。

令和５年１月６日

東京都公安委員会殿

届出者の氏名又は名称及び住所

東京都江東区〇丁目２番３―６０５号
法令　花子

上記届出者代理人

東京都新宿区西新宿６丁目２番３―６０３号
シーズ行政書士事務所　特定行政書士　中村麻美
TEL/03-0000-〇〇〇〇　FAX/03-〇〇〇〇-〇〇〇〇

職印

（ふりがな）	ほうれい　はなこ	
氏 名 又 は 名 称	法令　花子	
住　　　　所	〒（１３５―００００） 東京都江東区〇丁目２番３―６０５号	（〇〇〇）〇〇〇〇局〇〇〇〇番
（ふりがな） 法人にあっては、その代表者の氏名		
（ふりがな） 営 業 所 の 名 称	からおけばー　はなこ カラオケＢＡＲ　花子	
営 業 所 の 所 在 地	〒（１０６―００００） 東京都港区六本木３丁目〇番〇〇号　駅前ビル１階１０３号室 （０３）〇〇〇〇局〇〇〇〇番	
風俗営業の種別	法第２条第１項第　１号の営業	

許 可 年 月 日	令和３年　７月１０日	許 可 番 号	第１１〇〇〇号
認 定 年 月 日	年　　月　　日	認 定 番 号	

変更事項	変更年月日	新	旧
	令和４年 １０月７日	〒（１３５―００００） 東京都江東区〇丁目２番３―６０５号	〒（１６２―００００） 東京都新宿区〇〇町１番２―３０１号

変更の事由	住所を変更した。

備考
1　※印欄には、記載しないこと。
2　「風俗営業の種別」欄には、風俗営業に係る構造又は設備の変更を届け出る場合のみ記載すること。
3　「変更事項」欄には、変更年月日ごとに区分して記載すること。
4　不要の文字は、横線で消すこと。
5　管理者の選任状況（専任・兼任の別）に変更がある場合には、その旨を記載すること。
6　所定の欄に記載し得ないときは、別紙に記載の上、これを添付すること。
7　用紙の大きさは、日本工業規格Ａ４とすること。

実際に届出する際に記載します。

変更後の住所を記載します。

届出者の捺印は不要です。

届出なので「上記届出者代理人」とし、行政書士の住所、氏名を記入し、職印を押印します。

変更後の住所を記載します。

許可証で確認します。

ここに記載しきれなければ、「別紙の通り」として新旧対照表、図面等を添付します。

変更日から期限内に届出ができない場合は、理由書を添付します。

他に、「営業所の名称を変更した」「収用人数を増やすため内装レイアウトを変更した」など、変更内容を具体的に記載します。

（2）届出後の手続き

　深酒の届出をした後に、届出書の記載事項や営業所の構造に変更があれば、変更届出が必要です。許可後の手続きと違い、構造変更承認申請と許可証書換え申請はありません（そもそも許可証がありません）。なお、変更届出はすべて無料です。

　変更届出は、届出期限にあまり余裕がありません。特に登記が関係する変更届出の場合、変更から規定の期限内に届出ができないことも珍しくありません。期限を過ぎての届出の場合、「理由書」の添付が必要です。これは許可後の届出も同様です。

　また、営業所の構造の変更の届出期限も10日以内なので、図面作成を急ぐ必要があります。

　以下、主要な変更届についての添付書類と期限をまとめますが、届出様式はすべて別記様式第19号変更届出書です。

◎手続き一覧

変更内容等	添付書類	期　限
営業所の名称	・飲食店営業許可書の変更部分コピー	変更から10日以内
届出者の住所（個人）	・住民票（本籍記載）	変更から10日以内
届出者の住所（法人）	・履歴事項全部証明書	変更から20日以内
申請者法人の名称	・履歴事項全部証明書	変更から20日以内
法人代表者の住所	・住民票（本籍記載） ・履歴事項全部証明書（登記事項の為）	変更から20日以内
法人役員の住所	・住民票（本籍記載）	変更から10日以内
法人の役員変更	・住民票（本籍記載） ・履歴事項全部証明書	変更から20日以内
申請者の電話番号	―	変更から10日以内
内装の変更	・変更にかかる新・旧図面	変更から10日以内
音響・照明設備の変更	・変更にかかる新・旧図面	変更から10日以内

◎その他の手続き

変更内容等	様　式	期　限
廃業したとき	(別記様式第18号) 廃止届出書	廃業から10日以内

※　添付書類はありません。

············ *Column* ············

登記から20日以内ではない

　登記を要する変更届出は、変更から20日以内が期限です。「変更から」とは、変更が決定した日をいいます。登記した日ではありません。法人が何かを変更する際には、多くの場合、株主総会や役員会、社員総会等で変更を決定します。その決定した日が「変更日」です。

　履歴事項全部証明書を見ると、例えば本店移転であれば、「令和〇年〇月〇日移転」と「令和〇年×月×日登記」という2つの日付の記載があります。このうち、変更日は前者なので間違えないように気を付けてください。同様に、役員の就任・退任であれば就任・退任日と登記日の両方が記載されています。

　行政書士が登記申請することはありませんが、履歴事項全部証明書の読み方は勉強しておいたほうがよいでしょう。

◎変更届出書記載例（営業所の構造変更と営業所の名称変更を同時に届出する場合）

別記様式第19号（第42条、第64条、第104条関係）

※ 受 理 年月日		※ 受 理 番 号	

変　更　届　出　書

　　風俗営業等の規制及び業務の適正化等に関する法律 第27条第2項／第33条第2項（同法第31条の12第2項において準用する場合を含む。）の規定により届出をします。

令和5年1月15日

　　東京都公安委員会殿

東京都新宿区〇〇町1番2－301号
法令　花子

上記届出者代理人

東京都新宿区西新宿6丁目2番3－603号
シーズ行政書士事務所　特定行政書士　中村麻美
TEL/03-0000-〇〇〇〇　FAX/03-〇〇〇〇-〇〇〇〇

職印

（ふりがな）	ほうれい　はなこ
氏 名 又 は 名 称	法令　花子
住　　　　　　　所	〒（213－0011） 東京都新宿区〇〇町1番2－301号 　　　　　　　　　（〇〇〇）〇〇〇〇局〇〇〇〇番
（ふりがな） 法人にあっては、 その代表者の氏名	
（ふりがな）	からおけ　ふらわー
営 業 所 の 名 称	カラオケ　Ｆｌｏｗｅｒ
営業所の所在地	〒（106－0000） 東京都港区六本木3丁目〇番〇〇号　駅前ビル1階103号室 　　　　　　　　　　　　　　（03）〇〇〇〇局〇〇〇〇番

営 業 の 種 別	深夜酒類提供飲食店営業	変 更 年 月 日	令和5年1月10日

変更事項	新	旧
	別紙の通り	別紙の通り

変更の事由	リニューアルオープンの為、営業所の名称を変更した。 ボックス席を撤去してカウンターを設置し、それに伴い家具・照明の配置等を変更した。

備考
1　※印欄には、記載しないこと。
2　不要の文字は、横線で消すこと。
3　所定の欄に記載し得ないときは、別紙に記載の上、これを添付すること。
4　用紙の大きさは、日本産業規格Ａ4とすること。

実際に警察署に届出する際に記載します。

届出者の捺印は不要です。

届出なので「上記届出者代理人」とし、行政書士の住所、氏名を記入し、職印を押印します。

変更後の名称を記載します。

変更日から期限内に変更届ができないときは、理由書を添付します。

変更事項に記載しきれないものは別紙として新旧対照表、図面等を添付します。

変更内容を具体的に記載します。

Column

オンライン申請、郵送申請

　行政手続のオンライン化が進められています。ただ、風俗営業、特定遊興飲食店営業に関してはまだオンライン化はされていません。オンライン化されているのは、特定異性接客営業（いわゆる JK 条例関係）、デートクラブ関係等の手続きに限られます。

　一方、郵送申請には、我々も利用できそうなものがあります。本書でも解説した風俗営業、特定遊興飲食店営業の営業所の構造の軽微な変更が郵送で届出できるようになっています（令和5年2月現在）。

　遠方の警察署に行かずに済むなら便利なのですが、書留等記録の残る方法で送るなどルールがあるので、詳細は所轄警察署の担当者に必ず確認してください。

巻末付録

○ 風俗営業の営業延長許容地域の告示地域
　（東京都。商業地域に限る）

千代田区

飯田橋一丁目、同二丁目、同三丁目、同四丁目、岩本町一丁目、同二丁目、同三丁目、内神田一丁目、同二丁目、同三丁目、大手町二丁目、鍛冶町一丁目、同二丁目、神田相生町、神田淡路町一丁目、同二丁目、神田和泉町、神田岩本町、神田小川町一丁目、同二丁目、同三丁目、神田鍛冶町三丁目、神田北乗物町、神田紺屋町、神田佐久間河岸、神田佐久間町一丁目、同二丁目、同三丁目、同四丁目、神田神保町一丁目、同二丁目、同三丁目、神田須田町一丁目、同二丁目、神田駿河台一丁目、同二丁目、同三丁目、同四丁目、神田多町二丁目、神田司町二丁目、神田富山町、神田錦町一丁目、同二丁目、同三丁目、神田西福田町、神田練塀町、神田花岡町、神田東紺屋町、神田東松下町、神田平河町、神田松永町、神田美倉町、神田美土代町、九段北一丁目、同四丁目、九段南二丁目、同三丁目、同四丁目、麹町三丁目、同四丁目、猿楽町一丁目、同二丁目、外神田一丁目、同二丁目、同三丁目、同四丁目、同五丁目、同六丁目、永田町一丁目、同二丁目、西神田一丁目、同二丁目、同三丁目、隼町、東神田一丁目、同二丁目、同三丁目、平河町一丁目、同二丁目、富士見一丁目、同二丁目、丸の内一丁目、同二丁目、同三丁目、三崎町一丁目、同二丁目、同三丁目、有楽町一丁目、同二丁目、六番町

中央区

明石町、入船二丁目、同三丁目、京橋一丁目、同二丁目、同三丁目、銀座一丁目、同二丁目、同三丁目、同四丁目、同五丁目、同六丁目、同七丁目、同八丁目、新川一丁目、新富一丁目、同二丁目、築地一丁目、同二丁目、同三丁目、同四丁目、同六丁目、同七丁目、日本橋一丁目、同二丁目、同三丁目、日本橋大伝馬町、日本橋

蛎殻町一丁目、同二丁目、日本橋兜町、日本橋茅場町一丁目、同二丁目、同三丁目、日本橋小網町、日本橋小伝馬町、日本橋小舟町、日本橋富沢町、日本橋人形町一丁目、同二丁目、同三丁目、日本橋馬喰町一丁目、同二丁目、日本橋浜町一丁目、同二丁目、日本橋久松町、日本橋堀留町一丁目、同二丁目、日本橋本石町一丁目、同二丁目、同三丁目、同四丁目、日本橋本町一丁目、同二丁目、同三丁目、同四丁目、日本橋室町一丁目、同二丁目、同三丁目、同四丁目、日本橋横山町、八丁堀一丁目、同二丁目、東日本橋一丁目、同二丁目、同三丁目、八重洲一丁目、同二丁目

港区

赤坂一丁目、同二丁目、同三丁目、同四丁目、同五丁目、同六丁目、同七丁目、麻布十番一丁目、同二丁目、愛宕一丁目、同二丁目、芝一丁目、同二丁目、同四丁目、同五丁目、芝浦一丁目、芝公園一丁目、同二丁目、芝大門一丁目、同二丁目、新橋一丁目、同二丁目、同三丁目、同四丁目、同五丁目、同六丁目、虎ノ門一丁目、同二丁目、同三丁目、同四丁目、西麻布一丁目、同二丁目、同三丁目、同四丁目、西新橋一丁目、同二丁目、同三丁目、浜松町一丁目、同二丁目、東新橋一丁目、同二丁目、三田三丁目、元赤坂一丁目、六本木一丁目、同二丁目、同三丁目、同四丁目、同五丁目、同六丁目、同七丁目

新宿区

揚場町、荒木町、岩戸町、大久保一丁目、神楽河岸、神楽坂一丁目、同二丁目、同三丁目、同四丁目、同五丁目、同六丁目、歌舞伎町一丁目、同二丁目、北新宿一丁目、下宮比町、新宿一丁目、同二丁目、同三丁目、同五丁目、同六丁目、同七丁目、高田馬場一丁目、同二丁目、同三丁目、同四丁目、津久戸町、筑土八幡町、富久町、西新宿一丁目、同二丁目、同三丁目、同四丁目、同五丁目、同

六丁目、同七丁目、同八丁目、百人町一丁目、舟町、四谷一丁目、同二丁目、同三丁目、同四丁目、若宮町

文京区

春日一丁目、小石川一丁目、同二丁目、後楽一丁目、同二丁目、西片一丁目、本郷一丁目、同二丁目、同三丁目、同四丁目、湯島一丁目、同二丁目、同三丁目

台東区

秋葉原、浅草一丁目、同二丁目、同三丁目、同四丁目、同五丁目、同六丁目、同七丁目、浅草橋一丁目、同二丁目、同三丁目、同四丁目、同五丁目、池之端一丁目、今戸一丁目、同二丁目、入谷一丁目、同二丁目、上野一丁目、同二丁目、同三丁目、同四丁目、同五丁目、同六丁目、同七丁目、雷門一丁目、同二丁目、北上野一丁目、同二丁目、清川一丁目、蔵前三丁目、同四丁目、小島一丁目、同二丁目、寿一丁目、同二丁目、同三丁目、同四丁目、駒形一丁目、同二丁目、下谷一丁目、同二丁目、同三丁目、千束一丁目、同二丁目、同三丁目、同四丁目、台東一丁目、同二丁目、同三丁目、同四丁目、鳥越一丁目、同二丁目、西浅草一丁目、同二丁目、同三丁目、日本堤一丁目、同二丁目、根岸一丁目、同三丁目、同四丁目、同五丁目、花川戸一丁目、同二丁目、東浅草一丁目、同二丁目、東上野一丁目、同二丁目、同三丁目、同四丁目、同五丁目、同六丁目、松が谷一丁目、同二丁目、同三丁目、同四丁目、三筋一丁目、同二丁目、三ノ輪一丁目、同二丁目、元浅草一丁目、同二丁目、同三丁目、同四丁目、柳橋一丁目、同二丁目、竜泉一丁目、同二丁目、同三丁目

墨田区

錦糸二丁目、同三丁目、同四丁目、江東橋一丁目、同二丁目、同三

丁目、同四丁目、太平二丁目、同三丁目、緑三丁目、同四丁目、向島一丁目、同二丁目、同三丁目、同四丁目、同五丁目

江東区
永代二丁目、亀戸一丁目、同二丁目、同三丁目、同五丁目、同六丁目、富岡一丁目、同二丁目、福住一丁目、門前仲町一丁目、同二丁目

品川区
荏原三丁目、大井一丁目、同四丁目、大崎四丁目、上大崎二丁目、小山三丁目、同四丁目、戸越一丁目、西五反田一丁目、同二丁目、同五丁目、同六丁目、同七丁目、同八丁目、東大井五丁目、同六丁目、東五反田一丁目、同二丁目、同五丁目、平塚一丁目、同二丁目、同三丁目、二葉一丁目、南大井三丁目、同六丁目

目黒区
上目黒一丁目、同二丁目、同三丁目、下目黒一丁目、自由が丘一丁目、同二丁目、鷹番二丁目、同三丁目、目黒一丁目、祐天寺一丁目

大田区
大森北一丁目、同四丁目、蒲田四丁目、同五丁目、山王二丁目、同三丁目、西蒲田五丁目、同六丁目、同七丁目、同八丁目、東矢口一丁目、同三丁目、南蒲田一丁目、同二丁目

世田谷区
北沢二丁目、同三丁目、三軒茶屋一丁目、同二丁目、代沢五丁目、太子堂二丁目、同四丁目

渋谷区
宇田川町、恵比寿一丁目、同四丁目、恵比寿西一丁目、同二丁目、

恵比寿南一丁目、桜丘町、渋谷一丁目、同二丁目、同三丁目、松濤一丁目、神宮前六丁目、神泉町、神南一丁目、千駄ケ谷四丁目、同五丁目、道玄坂一丁目、同二丁目、南平台町、東二丁目、同三丁目、広尾一丁目、円山町、代々木一丁目、同二丁目、同三丁目

中野区
新井一丁目、中央四丁目、中野二丁目、同三丁目、同五丁目

杉並区
阿佐谷北一丁目、同二丁目、阿佐谷南一丁目、同二丁目、同三丁目、天沼二丁目、同三丁目、荻窪五丁目、上荻一丁目、高円寺北二丁目、同三丁目、高円寺南二丁目、同三丁目、同四丁目、松庵三丁目、成田東四丁目、同五丁目、西荻北二丁目、同三丁目、西荻南二丁目、同三丁目

豊島区
池袋一丁目、同二丁目、同三丁目、北大塚一丁目、同二丁目、同三丁目、巣鴨一丁目、同二丁目、同三丁目、同五丁目、高田三丁目、西池袋一丁目、同三丁目、同五丁目、東池袋一丁目、同二丁目、同三丁目、同四丁目、同五丁目、南池袋一丁目、同二丁目、南大塚一丁目、同二丁目、同三丁目

北区
赤羽一丁目、同二丁目、赤羽西一丁目、赤羽南一丁目、王子一丁目、同二丁目、岸町一丁目、滝野川六丁目、同七丁目、豊島一丁目、東十条二丁目、同三丁目、同四丁目

荒川区
西日暮里二丁目、同五丁目、東日暮里五丁目、同六丁目

板橋区
板橋一丁目、大山町、大山東町

練馬区
桜台一丁目、同四丁目、豊玉上二丁目、豊玉北五丁目、同六丁目、中村北一丁目、練馬一丁目

足立区
千住一丁目、同二丁目、同三丁目、千住旭町、千住仲町、竹の塚一丁目、同五丁目、同六丁目

葛飾区
金町二丁目、同五丁目、同六丁目、亀有二丁目、同三丁目、同五丁目、新小岩一丁目、同二丁目、立石一丁目、同四丁目、同七丁目、同八丁目、西新小岩一丁目、東金町一丁目、同三丁目、東新小岩一丁目、東立石四丁目

江戸川区
中央四丁目、西葛西三丁目、同五丁目、同六丁目、西小岩一丁目、同四丁目、同五丁目、平井二丁目、同三丁目、同四丁目、同五丁目、松島三丁目、同四丁目、南小岩六丁目、同七丁目、同八丁目

八王子市
旭町、東町、追分町、子安町四丁目、寺町、中町、八幡町、三崎町、南町、明神町二丁目、同三丁目、同四丁目、八木町、八日町、横山町

立川市
曙町二丁目、柴崎町二丁目、同三丁目、高松町二丁目、同三丁目、

錦町一丁目、同二丁目武

武蔵野市
吉祥寺本町一丁目、同二丁目、吉祥寺南町一丁目、同二丁目、御殿山二丁目、中町一丁目、西久保一丁目

三鷹市
上連雀二丁目、下連雀三丁目

府中市
寿町一丁目、同二丁目、同三丁目、府中町一丁目、同二丁目、本町一丁目、同二丁目、宮西町一丁目、同二丁目、同三丁目、同四丁目、同五丁目、宮町一丁目

町田市
中町一丁目、原町田一丁目、同二丁目、同三丁目、同四丁目、同六丁目、森野一丁目

小金井市
本町一丁目、同五丁目、同六丁目

東村山市
栄町一丁目、同二丁目

国分寺市
本町一丁目、同二丁目、同三丁目、南町一丁目、同二丁目、同三丁目

福生市
東町、福生、本町

～著者略歴～
中村　麻美（なかむら　あさみ）

平成 22 年行政書士登録。東京都行政書士会所属。
特定行政書士。
歌舞伎町を管轄する新宿警察署から至近距離に事務所
をかまえ、フットワーク軽く依頼に応える。
著者として『行政書士の実務 飲食・風俗営業許可申請
業務』（法学書院）、『いっきにわかる！相続・贈与 令和
5 年度 改正対応版』（宝島社）などがある。

行政書士のための風俗営業許可申請ハンドブック
社交飲食店・特定遊興飲食店・深夜酒類提供飲食店

令和 5 年 8 月 1 日　初版発行
令和 6 年 10 月 20 日　初版 2 刷

検印省略

日本法令®

〒 101-0032
東京都千代田区岩本町 1 丁目 2 番 19 号
https://www.horei.co.jp/

著　　者	中　村　麻　　美
発 行 者	青　木　鉱　太
編 集 者	岩　倉　春　光
印 刷 所	丸　井　工　文　社
製 本 所	国　　宝　　社

（営　業）　TEL 03-6858-6967　　E メール　syuppan@horei.co.jp
（通　販）　TEL 03-6858-6966　　E メール　book.order@horei.co.jp
（編　集）　FAX 03-6858-6957　　E メール　tankoubon@horei.co.jp

（オンラインショップ）　https://www.horei.co.jp/iec/
（お 詫 び と 訂 正）　https://www.horei.co.jp/book/owabi.shtml
（書 籍 の 追 加 情 報）　https://www.horei.co.jp/book/osirasebook.shtml

※万一、本書の内容に誤記等が判明した場合には、上記「お詫びと訂正」に最新情報を掲載
　しております。ホームページに掲載されていない内容につきましては、FAX または E メー
　ルで編集までお問合せください。